Tunesische Spezialitäten

Hebara Monia bent Hassen Houachria sewjet Lampert

Tunesische Spezialitäten

„3000 Jahre Eßkultur"
mit Bildern von Beatrice Hintermaier

Weingarten

CIP-Titelaufnahme der Deutschen Bibliothek

Lampert, Hebara Monia Bent-Hassen:
Tunesische Spezialitäten: „3000 Jahre Esskultur" / Hebara Monia
bent Hassen Houachria sewjet Lampert. – Weingarten:
Kunstverlag Weingarten, 1989
ISBN 3-8170-0014-6

© by Kunstverlag Weingarten 1989
Satz: Fotosatz F. Riedmayer GmbH, Weingarten
Reproduktion: repro-team gmbh, Weingarten
Gesamtherstellung: Gerstmayer Offsetdruck, Ravensburg
Printed in Germany
ISBN 3-8170-0014-6

Inhalt

Im Namen Gottes, des Barmherzigen.

Mit diesem Satz beginnt man einer alten Tradition entsprechend in allen islamischen Ländern jede Niederschrift, die dem, der sie verfaßt und dem, der sie liest, gleichermaßen zu Nutz und Frommen dienen soll.

So beginne auch ich dieses Kochbuch der tunesischen Küche. Ich schreibe es im Gedenken an meine Großmutter, die 1984 im hohen Alter von 108 Jahren verstarb. Im Grunde genommen hat nämlich sie dieses Buch verfaßt, denn alle Rezepte, die ich auf den nachfolgenden Seiten festgehalten habe, hat mir meine Jidda beigebracht.

Auch heute noch werden in meiner Heimat, den zu Tunesien gehörenden Ausläufern des Atlasgebirges die jungen Mädchen erzogen, für das Wohl ihrer Familien zu leben. Eine wichtige Voraussetzung dazu ist natürlich Essen und Trinken, oder besser gesagt:

Kochen – Braten – Backen.

Ich habe mich jedoch nicht auf die Gerichte meiner engeren Heimat beschränkt. Da meine Familie – ursprünglich Beduinen aus der Wüste kommend – ganz Tunesien durchzog und erst vor knapp 400 Jahren das von ihr bewohnte Land in Besitz nahm, enthält der Rezeptschatz, von Generation zu Generation vererbt, Gerichte aus allen Provinzen meines Heimatlandes.

Ich hoffe, daß sie Ihnen genauso viel Freude und schöne Stunden beim Kochen, Anrichten und Essen bereiten, wie meinen deutschen Freunden, die sich immer wieder an der Tafel meiner Familie in München zusammenfinden.

Die angegebenen Mengen sind in allen Rezepten für 4 bis 6 Personen bestimmt. Im allgemeinen ist die tunesische Küche scharf. Wenn Sie dies nicht mögen, rate ich Ihnen, die Harissa-Mengen zu reduzieren. Sie können ja immer noch nachwürzen.

Brot

Komisch – Fleisch essen wir nur einmal in der Woche, weil es so teuer ist und wir es uns nicht öfter leisten können. Trotzdem habe ich noch nie gesehen, daß meine Großmutter ein Stück davon geküßt hätte. Nicht einmal das beste.

Brot aber, das bei uns zu jeder Mahlzeit gereicht wird, hebt sie ehrfurchtsvoll auf, wenn es im Staub liegt, küßt es und legt es an eine Stelle, von der aus die Tiere es sich holen können. „Weshalb machst du das Jidda?" habe ich sie erstaunt gefragt. „Weil Gott selbst uns das Brot schenkt. Er läßt das Getreide wachsen, aus dem das Mehl gemahlen und das Brot gebacken wird."

Wenn ich diese Geschichte an den Anfang meines Kochbuches stelle, dann hat dies zwei Gründe: Zum einen, weil Brot die Grundnahrung meines Volkes ist und zum anderen, weil es nicht nur in meinem Glauben als heilig gilt. Daran sollten wir uns gerade in einer Zeit, in der wir im Überfluß leben, häufiger erinnern und auch daran denken, daß vielleicht irgendwo ein Mensch stirbt, weil ihm das Stückchen Brot fehlt, das ein anderer, satter, achtlos weggeworfen hat.

Nun aber sollte ich mit meinen Rezepten beginnen. Anfangen mit denen, die das Brot betreffen, so wie es bei mir zu Hause noch täglich frisch gebacken wird.

Sauerteigbrot
chobs bil chmira

Sauerteig:
50 g Mehl
1 Messerspitze Salz
6 Eßl. Wasser

Brotteig:
500 g Weizenmehl
1/4 Teel. Salz
1/4 Liter Wasser

Mehl, Salz und Wasser für den Sauerteig anrühren und zugedeckt warmgehalten zum Gären bringen. Dies kann ein bis zwei Tage dauern. Dann im Wasser auflösen, mit Weizenmehl und Salz vermischen, nochmals 2 Stunden warmgestellt gehen lassen. Anschließend kräftig durchkneten. Von diesem Teig etwas als Sauerteig für das nächste Brotbacken aufbewahren. Aus dem übrigen Teig Fladen formen, weitere ein bis zwei Stunden gehen lassen, in einer Tonpfanne auf offenem Feuer von beiden Seiten backen. Noch heiß mit Feigenmarmelade bestrichen zu Buttermilch servieren.

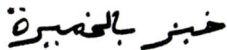

Brot nach Beduinenart
chobs m'lawi

500 g Weizenmehl
6 Eßl. Olivenöl
1 Teel. Salz
1/4 Liter warmes Wasser

Das Mehl mit dem in warmem Wasser aufgelösten Salz vermischen, etwa 5 Minuten durchkneten und weitere 30 Minuten ruhenlassen. Anschließend nochmals durchkneten und zu einem großen Fladen formen. Mit den Fingern kleine Dellen eindrücken. Olivenöl daraufgießen. Den Fladen von zwei Seiten zur Mitte einklappen, dann von den anderen beiden Seiten einklappen, so daß sich ein Quadrat bildet. Dieses flach klopfen und in einer Tonpfanne ohne Fett auf dem Feuer beidseitig braun backen.

Brot nach Nomadenart
chobs m'besses

1000 g doppelgriffiges
Weizenmehl
200 g Butter
1 Teel. Salz
1/4 Liter warmes Wasser
1/8 Liter Olivenöl

Weizenmehl aufhäufen und in der Mitte eine Mulde formen. Öl und zerlassene Butter hineingießen und mit den Händen gut vermischen. Salz und etwas Wasser dazugeben und zu einem festen Brotteig kneten. Daraus Fladen formen und diese wie eine Torte in 8 Stücke teilen.
Die Fladenstücke werden dann in einer Tonpfanne ohne Fett beidseitig braun gebacken.
Trocken zu Buttermilch gegessen, schmeckt dieses Brot besonders gut.

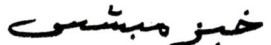

Tabona wird bei uns der selbstgebaute Backofen genannt.
Das ist ein zylindrischer, dickwandiger Behälter aus Ton,
ca. 70 cm hoch und mit einem Durchmesser von 60 – 80 cm,
der in eine windgeschützte Ecke im Hof direkt auf den
Boden gebaut wird.

Brot vom Backofen
chobs tabona

1000 g Weizenmehl
15 g Hefe
1 Teel. Salz
1/4 Liter Wasser
1/8 Liter Milch
oder Wasser
Zucker

Hefe mit etwas Salz im warmen Wasser auflösen und unter
das Weizenmehl mischen. Alles gut zusammenkneten und
ca. 1 Stunde zugedeckt an einem warmen Ort gehen lassen.
Dann erneut durchkneten. Kleine Bällchen formen,
zu Fladen klopfen und eine weitere Stunde gehen lassen.
Inzwischen Holz in die Tabona schichten und anzünden.
Wenn der Ton innen rot glüht, das unverbrannte Holz
herauskehren, die Glut in der Mitte zu einem Häufchen
richten und Steine oder Erde um die Glut schichten, damit
das Brot nicht verbrennt.
Die Fladen beidseitig mit Milch einreiben und an die heiße
Innenwand kleben. Wenn sie herunterfallen, noch an die
Wand gelehnt weiterbacken, bis sie rotbraun sind.
Sollte die Hitze schon zu gering geworden sein, lehnt man
die Fladen an einen Stock direkt über der Glut und bäckt
sie fertig.

خبز طابونة

Genauso wichtig wie das tägliche Brot – manchmal sogar noch viel wichtiger – ist für uns das Wasser. Es ist Bestandteil jeder Mahlzeit. Nur bei besonderen Anlässen werden Fruchtsäfte getrunken und die sind dann wiederum mit Wasser verdünnte Sirupe.

Noch immer haben bei uns die meisten Häuser keinen Wasseranschluß. Ihre Bewohner holen den täglichen Bedarf vom Brunnen, zu dem sie oft weite Strecken laufen oder reiten müssen. Aber jeder nimmt diesen beschwerlichen Gang gerne auf sich, trifft er doch am Brunnen immer Bekannte, mit denen er tratschen kann und von denen er Neuigkeiten erfährt.

Bei der enormen Hitze bleibt unter normalen Umständen das Wasser nicht lange frisch. Darum schabt man nach uralten Überlieferungen den Balg einer Ziege sauber aus, beizt ihn mit einer Lauge aus Salz und dem Saft der Tanne, um ihn dann, bis auf die Halsöffnung zugenäht, als Wassertank zu benutzen. Im Schatten aufgehängt, bleibt in ihm das Wasser tagelang frisch. Damit es auch wohlschmeckend bleibt, mischt man ihm einige Tropfen Tannensaft bei.

Seit 14 Tagen ist Ramadan. Er wird noch weitere 14 Tage dauern. Für jeden gläubigen Moslem bedeutet das 4 Wochen lang „fasten von Sonnenauf- bis Sonnenuntergang".

Dafür ist aber jedes Abendessen ein üppiges Festmahl. Selbst meine Mutter, eine ungewöhnlich sparsame Frau – sie muß immerhin mit einem kärglichen Einkommen neben meinem Vater, meinen vier Brüdern, meinen zwei Schwestern und mir unsere alte Jidda und zwei unverheiratete Tanten versorgen – kocht dann für unsere Begriffe geradezu fürstlich.

Wenn sonst normalerweise nur ein Gericht auf den Tisch kommt, gibt's im Ramadan nach dem Abendgebet gleich mehrere Gänge. Als Vorspeise macht sie fast immer Briks. Das sind in heißem Olivenöl knusprig gebackene, hauchdünne Fladen, ähnlich wie Crêpes mit unterschiedlichen Füllungen und anschließend pikante Salate, die man hier sehr wahrscheinlich gar nicht als Salate bezeichnen würde. Beides – Briks und Salate gibt's bei uns in so vielen Varianten, daß ich ihnen gleich ein ganzes Kapitel opfern muß.

Olivenöl, kalt gepreßt

In einer festgestampften Lehmgrube ca. 1 m tief und mit ca. 1 m Durchmesser werden die frischgeernteten Oliven bis zur Hälfte eingefüllt. Frauen stampfen mit ihren Füßen so lange, bis sich das Öl aus den Früchten preßt. Dieses Öl wird mit den Händen abgeschöpft. Man nennt es Jungfernöl. Es ist das vitamin- und nährstoffreichste Öl. Dann wird die Grube mit Wasser aufgefüllt und der Brei mit einem Stock umgerührt, bis sich auch das restliche Öl aus den Früchten löst und an der Wasseroberfläche ebenfalls abgeschöpft werden kann. Danach wird die Grube entleert, gesäubert und die ausgelaugten Früchte weggeworfen.

Tunesischer Salat
slata tunsia

300 g Tomaten
200 g milde Peperoni
50 g scharfe Peperoni
50 g Oliven
30 g getrocknete Pfefferminzblätter
1 große Zwiebel
2 Eier

Marinade:
3 Eßl. Olivenöl
1/2 Teel. Salz
1/2 Teel. Pfeffer
1 Zitrone

Die milden und scharfen Peperoni sowie die Tomaten waschen, entkernen und in Würfel schneiden. Zwiebel schälen und kleinhacken. Aus dem Olivenöl, Salz, Pfeffer und Zitronensaft eine Marinade anrühren und über die Peperoni-, Tomaten- und Zwiebelstücke gießen. Gut durchmischen. Eier hart kochen, abkühlen lassen, schälen und jeweils in 4 Teile schneiden.
Den Salat mit den Eiervierteln, Thunfisch und Oliven garnieren. Zum Schluß die Pfefferminzblätter im Mörser zerstoßen und darüberstreuen.

سلاطة تونسية

Tunesischer Salat mit Äpfeln
slata bi teffah

250 g milde Peperoni
200 g Tomaten
100 g Gruyere
50 g grüne Oliven
1 Zwiebel
Äpfel
Thunfisch in Öl,
aus der Dose

Marinade:
30 g getrocknete
Pfefferminzblätter
6 Eßl. Olivenöl
1 Eßl. Kräuteressig
1/2 Teel. Salz

Tomaten und Peperoni waschen, Äpfel schälen, alles entkernen und mit dem Käse in kleine Würfel schneiden. Zwiebel schälen und fein hacken. Pfefferminzblätter in einem Mörser zerstoßen. Das so entstandene Pfefferminzpulver mit Olivenöl, Kräuteressig und Salz zu einer Marinade anrühren und über die Tomaten, Peperoni, Äpfel, Käse und Zwiebel gießen und kräftig durchmischen. Mit Thunfisch und Oliven garnieren.

سلاطة بالتفاح

Gemischter Rohkostsalat
slata neja

250 g Tomaten
200 g milde Peperoni
50 g schwarze Oliven
2 Eier
2 Zwiebeln
2 Bund Selleriekraut
1 Bund Petersilie
1 Gurke
Thunfisch in Öl,
aus der Dose

Marinade:
4 Eßl. Olivenöl
1 Eßl. Kräuteressig
1/2 Teel. Salz
1/2 Teel. Pfeffer

Tomaten und Peperoni waschen und entkernen. Gurke und Zwiebel schälen, Eier hart kochen und alles in Scheiben schneiden. Das Eigelb aus den Eierscheiben nehmen. Aus dem Olivenöl, Kräuteressig, Salz und Pfeffer eine Marinade anrühren, über die Tomaten-, Gurken- und Zwiebelscheiben geben und durchmischen. Eigelb und Thunfisch mit einer Gabel zerdrücken und verrühren. Petersilie und Sellerie waschen und kleinhacken.
Den Salat mit den Eierscheiben, dem Thunfisch- Eigelbgemisch, der Petersilie, dem Sellerie und den Oliven garnieren.

Radieschensalat
slatet fjil

50 g Selleriekraut
50 g grüne Oliven
50 g schwarze Oliven
1 kleine Zwiebel
1 Bund Radieschen
1/2 Bund Petersilie

Marinade:
2 Eßl. Olivenöl
1 Zitrone
1/4 Teel. Salz

Radieschen putzen, waschen und vierteln.
Zwiebel schälen und in kleine Stücke schneiden.
Petersilie und Selleriekraut waschen, kleinhacken und
alles in einer Salatschüssel vermischen.
Olivenöl, Zitronensaft und Salz verquirlen, darübergießen
und untereinandermischen.
Mit Oliven garnieren.

Chicoréesalat
slatet skuria

750 g Chicorée
50 g schwarze Oliven
2 Eier

Marinade:
3 Eßl. Olivenöl
1 Eßl. Essig
1/4 Teel. Salz
1/4 Teel. Pfeffer

Chicorée säubern, in kaltem Wasser waschen, quer in
ca. 2 cm breite Streifen schneiden und nochmals waschen
und in einem Sieb abtropfen lassen. Aus Olivenöl, Essig,
Pfeffer und Salz eine Marinade anrühren, über den Salat
geben und durchmischen.
Eier hart kochen, abkühlen lassen, schälen,
vierteln und zusammen mit den Oliven garnieren.

سلطة سكورية

Gurkensalat
slatet faqus

30 g Kapern
1 Salatgurke
1 eingelegte Zitrone

Marinade:
3 Eßl. Olivenöl
1 Eßl. Essig
1 Teel. getrocknete
Pfefferminzblätter
1/2 Teel. Salz
1/4 Teel. Pfeffer

Gurken schälen, der Länge nach halbieren, entkernen und in kleine Würfel schneiden. Zitrone abtropfen lassen, mit der Schale in Würfel schneiden. Kapern säubern und mit den Zitronenstückchen gemeinsam unter die Gurkenwürfel mischen. Pfefferminzblätter in einem Mörser zerstoßen und mit dem Olivenöl, Essig, Pfeffer und Salz zu einer Marinade anrühren und unter den Salat geben.

سلاطة فقّوس

Malvensalat
slatet chobbisa

500 g frische Malven
100 g schwarze Oliven
3 rote, getrocknete Peperoni
2 Knoblauchzehen

Marinade:
4 Eßl. Olivenöl
2 Eßl. Kräuteressig
1 Teel. Koriander
1/2 Teel. Salz

Malvenblätter sorgsam aussortieren, gründlich waschen und in Salzwasser weich kochen. Anschließend abtropfen lassen und kleinhacken. Knoblauchzehen schälen und zerdrücken. Peperoni im Mörser grob zerstoßen.
Aus dem Olivenöl, Kräuteressig, Koriander und Salz eine Marinade anrühren und über die Malven, Knoblauchzehen und Peperoni gießen.
Gut vermischen und den Salat mit Oliven garnieren.

سلطة خبّيزة

Fischsalat
slata hut

500 g kleine frische Fische
500 g Kartoffeln
1 Zwiebel
1 Bund Petersilie
1 Eßl. Kapern

Marinade:
4 Eßl. Olivenöl
2 Eßl. Kräuteressig
1/2 Teel. Pfeffer
1/4 Teel. Salz

Fische putzen, waschen, in Salzwasser ca. 15 Minuten kochen und abkühlen lassen. Entgräten und in kleine Stücke zerteilen. Kartoffeln in Salzwasser garen, schälen und auskühlen lassen. Zwiebel schälen und mit den Kartoffeln in Scheiben schneiden. Aus dem Olivenöl, Kräuteressig, Pfeffer und Salz eine Marinade anrühren, über die Fische, Kartoffeln und Zwiebeln gießen und gut durchmengen. Petersilie waschen, fein hacken und mit den Kapern auf dem Salat verteilen.

سلطة حوت

Tunesischer Salat, gekocht
slata fundek el galla

250 g Erbsen
50 g grüne Oliven
50 g Kapern
6 Artischockenherzen
5 große Karotten
3 große Kartoffeln
2 Rote Bete
2 Eier
Thunfisch in Öl,
aus der Dose

Marinade:
3 Eßl. Pflanzenöl
1 Eßl. Essig
1/2 Teel. Salz
1/2 Teel. Pfeffer

Kartoffeln, Karotten und Rote Bete waschen, putzen, bzw. schälen, weich kochen und in kleine Würfel schneiden. Artischockenherzen und Erbsen aus der Dose nehmen. Die Artischocken kleinschneiden. Eier hart kochen, abkühlen lassen, schälen und würfeln. Alles zusammen mit Oliven, Kapern und Thunfisch untereinander mischen. Die Marinade aus Öl, Essig, Salz und Pfeffer anrühren, darübergeben und durchmengen.

سلاطة فندق الغلّة

Zubereitung von eingelegtem Gemüse

Man nehme nach Belieben Gemüse, z.B. Karotten, Rettich, Sellerie, Blumenkohl. Dieses Gemüse wird geputzt, gewaschen, die Karotten und den Rettich der Länge nach vierteln, den Sellerie in ca. 5 cm lange Streifen schneiden und den Blumenkohl zerstückeln. Alles zusammen in Salzwasser ca. 10 Minuten kochen, herausnehmen und abtropfen lassen. Inzwischen etwas Wasser mit besonders viel Salz aufkochen. Sobald dieses Wasser abgekühlt ist, das Gemüse darin einlegen. Eine gewaschene und geviertelte Zitrone dazugeben, alles in ein Glas abfüllen und gut verschließen.

Kartoffelsalat
slatet batata

500 g Kartoffeln
200 g roter Rettich
50 g eingelegtes Gemüse
1 kleine Zwiebel
1/2 Bund Petersilie

Marinade:
3 Eßl. Olivenöl
1 Eßl. Essig
1/2 Teel. Salz
1/4 Teel. Pfeffer

Eingelegtes Gemüse ca. 2 Stunden in kaltes Wasser legen, um den Salzgeschmack zu mindern. Danach kleinschneiden. Kartoffeln schälen, waschen, weich kochen und in Scheiben schneiden. Den Rettich putzen, waschen, weich kochen und würfeln. Petersilie waschen und fein hacken. Zwiebel schälen und fein schneiden. Kartoffeln und Rettich in eine Schüssel geben, Petersilie und Zwiebelringe darüberstreuen und mit dem Gemüse garnieren. Olivenöl, Essig, Salz und Pfeffer verquirlen und über den Salat verteilen.

سلطة بطاطة

Fenchelsalat
slata bisbäs

50 g grüne Oliven
3 Fenchelknollen
1 Bund Petersilie

Marinade:
4 Eßl. Olivenöl
2 Eßl. Essig
1/4 Teel. Salz
1/4 Teel. Pfeffer

Fenchel putzen und in Salzwasser weich kochen, abtropfen lassen und in Würfel schneiden. Petersilie waschen, kleinhacken und über die Fenchelwürfel streuen.
Olivenöl, Essig, Salz und Pfeffer zu einer Marinade anrühren und daruntermischen.
Mit Oliven garnieren.

سلطة بسباس

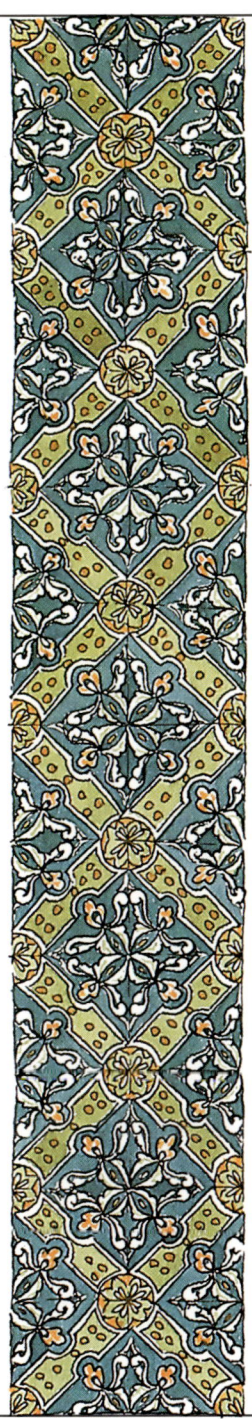

Karottensalat
slatet ommek huria

500 g Karotten
50 g grüne Oliven
Sardinen in Öl,
aus der Dose

Marinade:
5 Eßl. Olivenöl
2 Eßl. Kräuteressig
1 Teel. Harissa
1/4 Teel. Salz
3 Knoblauchzehen

Karotten schälen und kochen. Knoblauchzehen schälen und zerdrücken. Die weichgekochten Karotten abtropfen lassen und grob pürieren. Aus dem Olivenöl, Kräuteressig und den zerdrückten Knoblauchzehen sowie Harissa und Salz eine Marinade anrühren und unter das Karottenpüree geben.
Auf flachen Tellern mit Oliven und Sardinen garniert servieren.

سلطة امك حورية

Gegrillter Salat
slata meschwia

200 g Tomaten
200 g milde Peperoni
100 g scharfe Peperoni
100 g Thunfisch in Öl,
aus der Dose
50 g schwarze Oliven
2 Knoblauchzehen

Marinade:
4 Eßl. Olivenöl
1/2 Teel. Salz
1/2 Teel. Carvi
(Kreuzkümmel)
1 Zitrone

Peperoni und Tomaten waschen, abtrocknen und auf einem Grill bzw. in einer Pfanne ohne Fett auf allen Seiten gleichmäßig braten. Die Haut abziehen, entkernen und mit einer Gabel grob pürieren. Die Knoblauchzehen schälen, anbraten, zerdrücken und daruntermengen. Zitronensaft, Öl, Carvi und Salz verquirlen und unterziehen.
Auf Tellern portionieren und mit Thunfisch, Oliven und Kapern garnieren.

سلطة مشوية

Auberginensalat
slatet betenjen

50 g Oliven
3 Auberginen
4 Knoblauchzehen
2 Eier
Thunfisch in Öl,
aus der Dose

Marinade:
4 Eßl. Olivenöl
2 Eßl. Kräuteressig
1 Teel. Harissa
1/2 Teel. Salz
1/2 Teel. Pfeffer

Auberginen putzen, waschen und seitlich mehrfach einschneiden. Knoblauchzehen zerdrücken und in diese Einschnitte stecken. Die Backröhre auf mittlere Hitze vorwärmen, die Auberginen in einen Topf stellen und in regelmäßigen Abständen wenden, damit sie gleichmäßig garen. Auberginen herausnehmen, sobald sich die Haut dunkel verfärbt hat. Abkühlen lassen, schälen und mit einer Gabel pürieren. Aus dem Olivenöl, Kräuteressig, Harissa, Pfeffer und Salz eine Marinade anrühren und unter das Auberginengemüse ziehen und auf flachen Tellern anrichten.
Mit in Scheiben geschnittenen, hartgekochten Eiern, den Oliven und den Thunfischstückchen garnieren.

سلطة بتنجان

Salat auf Baguette
slata blankit

300 g Tomaten
200 g milde Peperoni
100 g Thunfisch in Öl,
aus der Dose
50 g Oliven, ohne Kerne
2 alte Baguettes
2 Eier
2 Knoblauchzehen
1 Eßl. Kapern

Marinade:
6 Eßl. Olivenöl
2 Eßl. Essig
1 Teel. Harissa
1/2 Teel. Salz
1/8 Liter Wasser

Aus dem Olivenöl, Essig, Harissa, Salz und Wasser eine Marinade anrühren. Baguettes in ca. 1 cm dicke Scheiben schneiden, einzeln in die Soße tunken, bis an beiden Seiten genügend Soße haftet. Auf einer Platte anrichten.
Tomaten und Peperoni waschen, abtropfen lassen und grillen, bzw. in einer Pfanne ohne Fett von allen Seiten braun braten. Häuten, entkernen und grob pürieren. Knoblauch schälen, zerdrücken und darunterrühren.
Eier hart kochen, abkühlen lassen, schälen und in Scheiben schneiden. Thunfisch zerteilen. Kapern säubern.
Den Tomaten- Peperonisalat auf die Baguetteschnitten verteilen, Eier, Thunfisch und Kapern darauflegen und mit Oliven garnieren.

Gefüllte Eier
bith mahschi

3 Eier	Semmel in Wasser einweichen und ausdrücken.
1 Bund Petersilie	Salatblätter und Petersilie waschen. Eier hart kochen,
Kopfsalatblätter	abkühlen lassen und schälen. Der Länge nach halbieren
	und das Eigelb entnehmen.
Fülle:	Mit einer Gabel die entgräteten Sardinen und das Eigelb
1 altbackene Semmel	zerdrücken, mit der Semmel, dem Olivenöl, dem Kräuter-
1 Eßl. Kräuteressig	essig und Salz gut verrühren und in die Eihälften füllen.
Salz	Eine Platte mit Salatblättern belegen, die Eihälften darauf-
Sardinen in Öl,	setzen und mit der feingehackten Petersilie bestreuen.
aus der Dose	

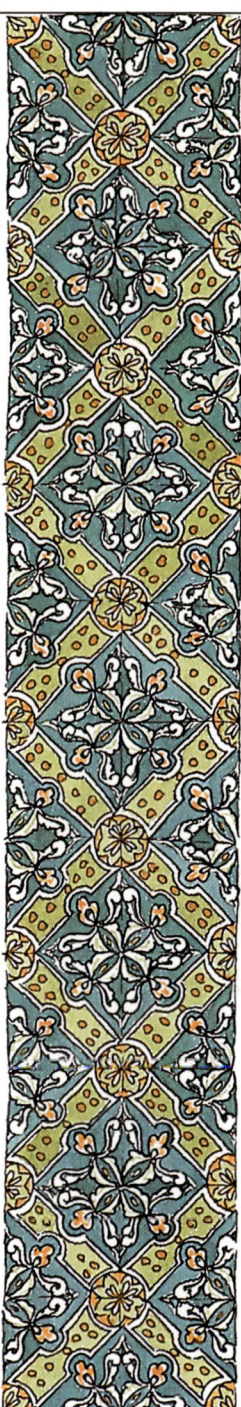

Brikzubereitung

250 g grobes Weizenmehl mit 1/10 Liter Wasser und einem Teelöffel Salz vermischen. Gut durchkneten. Dann ca. 30 Minuten ruhenlassen. Nochmals etwas Wasser dazugeben und so lange kneten, bis sich Blasen bilden. Inzwischen auf eine mit Wasser gefüllte Stahlpfanne einen Topf mit dem Boden nach oben stülpen. Warten, bis durch das kochende Wasser der Topfboden gleichmäßig heiß wurde. Dann mit einem Stück des zähflüssigen Teiges den Topfboden so lange betupfen, bis sich eine hauchdünne Auflage bildet. Diese trocknen, aber nicht braun werden lassen. Rechtzeitig die Seiten des Fladens mit einem Messer anheben, den Fladen vorsichtig lösen und auf ein weiches Tuch legen. Die unverarbeiteten Brikblätter nennt man auch Malsuka. In allen arabischen und türkischen Spezialitätengeschäften kann man sie inzwischen auch in Deutschland kaufen.

Brik nach Hausfrauenart
brik diäri

500 g Rinderhack	Zwiebel schälen, Petersilie waschen und beides fein hacken. Hackfleisch salzen, pfeffern und mit der Zwiebel in mäßig heißem Öl ca. 15 Minuten andünsten.
4 Eier	
4 Brikblätter	
1 kleine Zwiebel	Vom Herd nehmen, pürieren und mit Petersilie und Schmalz unter ständigem Rühren nochmals kurz anbraten. Je ein Brikblatt zum Viereck falten, mit Fülle bestreichen, ein rohes Ei darübergeben und zu einem Dreieck zusammenklappen.
1 Bund Petersilie	
4 Eßl. Pflanzenöl	
4 Eßl. Rinderschmalz	
1/2 Teel. Salz	Beidseitig in heißem Öl goldbraun braten und abtropfen lassen. Heiß, mit Zitronenvierteln garniert, servieren.
1/4 Teel. Pfeffer	

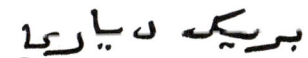

Brik mit Kartoffeln
brik bil batata

150 g Kartoffeln	Kartoffeln weich kochen, schälen und pürieren.
4 Eier	Zwei hartgekochte Eier schälen und würfeln.
4 Brikblätter	Zwiebel schälen, Petersilie waschen, beides fein hacken,
1 Zwiebel	kurz in heißem Öl glasig dünsten und abkühlen lassen.
1 Bund Petersilie	Zwei Eier verquirlen, Kapern säubern und zerkleinern.
1 Zitrone	Alle Zutaten zusammenkneten, pfeffern und salzen.
1 Eßl. Pflanzenöl	Ein Brikblatt von vier Seiten zur Mitte einklappen,
1 Eßl. Kapern	damit sich ein Viereck bildet.
1/2 Teel. Salz	Ein Viertel der Füllung darauf verteilen und auf die Hälfte
1/2 Teel. Pfeffer	zusammenlegen, damit es ein Dreieck bildet.
	Auf beiden Seiten in heißem Öl braun braten und heiß mit
	einem Zitronenviertel servieren.

بريك بالبطاطة

Brik mit Thunfisch
brik bit' tun

4 Brikblätter
4 Eier
1 Dose Thunfisch
in Öl oder Saft
1 kleine Zwiebel
1 Zitrone
1 Bund Petersilie
4 Eßl. Pflanzenöl
Pfeffer
Salz

Zwiebel schälen, Petersilie waschen und beides zusammen kleinhacken. Thunfisch aus der Dose nehmen und mit den Fingern zerbröseln. Zusammen mit der Zwiebel und der Petersilie vermengen. Brikblätter glatt auslegen und die Masse auf eine Hälfte geben. Ein Ei darüberschlagen, salzen, pfeffern und zusammenklappen.
In erhitztem Öl beidseitig goldbraun braten.
Auf einer Platte anrichten, mit Zitronenvierteln garnieren und heiß servieren.

35

Brik mit Fleisch
brik bil' lham

100 g Lammfleisch
ohne Knochen
100 g Lammleber
100 g Lammnieren
50 g Gruyere Käse
8 Brikblätter
3 Eier
1 kleine Zwiebel
1 Zitrone
1 Teel. Salz
1/4 Teel. Pfeffer
Öl zum Braten

Fleisch, Leber und Nieren von Sehnen und Fett befreien, waschen und in kleine Würfel schneiden. Salzen und pfeffern. Die Zwiebel schälen und fein hacken. Zwei Eßlöffel Öl erhitzen, Fleisch und Zwiebel darin etwa 10 Minuten anbraten. Mit einem Glas Wasser begießen und weitere 20 Minuten auf mittlerer Hitze zugedeckt kochen.
Ein Ei hart kochen und mit dem Käse in kleine Würfelchen schneiden. Die restlichen Eier schlagen. Sobald das Fleisch gar ist, vom Herd nehmen, abkühlen lassen und alles gut miteinander vermischen. Ein Brikblatt glatt ausbreiten, und auf das vordere Teil einen Eßlöffel Füllung geben. Die Ecken werden so gelegt, daß ein Viereck entsteht, aus dem wiederum ein Dreieck geklappt wird.
Öl erhitzen und den Brik darin knusprig braten.
Die Briks werden heiß serviert.

بريك بالّحم

Gerollter Brik
zwabii korasch

150 g Lammfleisch
ohne Knochen
150 g Kartoffeln
50 g Gruyere
6 Brikblätter
3 Eier
1 kleine Zwiebel
1 Zitrone
1/4 Teel. Salz
1 Messerspitze Pfeffer
Öl zum Braten

Das Fleisch in ganz kleine Stückchen schneiden, salzen und pfeffern. Die Zwiebel schälen und fein hacken. Zwei Eßlöffel Öl in einem Topf erhitzen. Darin Fleisch und Zwiebel ca. 2 Minuten anbraten, mit 1/4 Liter Wasser bedecken und zugedeckt weitere 30 Minuten kochen lassen. Von Zeit zu Zeit umrühren. Inzwischen die Kartoffeln schälen, waschen, in kleine Würfel schneiden und in Salzwasser weich kochen. Eines der Eier hart kochen, schälen und mit dem Käse zusammen ebenfalls in kleine Würfel schneiden. Ei-, Kartoffel- und Käsewürfel gut vermischen, mit Salz und Pfeffer würzen und die beiden rohen Eier daruntermengen. Sobald das Wasser verdampft ist, das Fleisch gargekocht und abgekühlt ist, werden Fleisch und Zwiebel zu dieser Masse gemischt. Nun ein Brikblatt nehmen, auf den hinteren Teil der vorderen Kante einen Eßlöffel der Füllung legen, den vorderen Teil darüberklappen und alle Kanten so übereinanderschlagen, daß sich ein Rechteck bildet. Dieses dann zu einem „Finger" rollen und in heißem Öl knusprig braten.
Die übrigen Briks werden ebenso zubereitet und mit einem Zitronensechstel sofort heiß als Vorspeise serviert.

صوابع الكرّاش

Am 27. Tag im Ramadan feiert man nach Sonnenuntergang bei uns das Fest der Toten. Anders als hier werden dann die Verstorbenen nicht durch Blumen und Gebinde, sondern mit ihrem Leibgericht geehrt, das man besonders liebevoll zubereitet auf ihr Grab stellt.

Die Armen holen sich von dort die Speisen, um sie im Gedenken an den Toten teilweise noch am Grab zu verzehren. Dabei beten sie für ihn und erwähnen den Verstorbenen lobend in ihren Gesprächen.

Es sind überwiegend Eintöpfe und Suppen, deren Duft sich miteinander vermischend über den ganzen Friedhof verbreitet.

Suppen und Eintöpfe sind es auch, denen ich das folgende Kapitel widme.

Eierflockensuppe
m' chalwich

4 Eier
4 Knoblauchzehen
4 getrocknete
Pfefferminzblätter
4 Eßl. Pflanzenöl
1 Teel. Tomatenmark
1 Teel. milder Paprika
1/2 Teel. Kreuzkümmel
1/2 Teel. Harissa
1/2 Baguette
Salz
1 3/4 Liter Wasser

Knoblauch schälen und mit Salz und Kreuzkümmel
zerdrücken. Tomatenmark, Harissa und Paprika mit
etwas Wasser verrühren. Öl erhitzen und alles darin ca.
15 Minuten anbraten. Mit Wasser aufgießen und die
Pfefferminzblätter dazubröseln.
Eier schlagen und in die kochende Flüssigkeit geben.
Baguette toasten, in kleine Würfel schneiden und in einer
Schüssel anrichten.
Suppe darübergießen und sofort servieren.

Suppe mit wildem Thymian
schorba bis zaâter

700 g Tomaten
100 g Mehl
4 Knoblauchzehen
2 Eßl. Pflanzenöl
1 Eßl. Butter
1 Teel. wilder Thymian
1 Teel. milder Paprika
1 Teel. Salz
1/2 Teel. Pfeffer
1 Liter Wasser

Tomaten waschen und pürieren. Butter und Öl erhitzen
und darin das Tomatenpüree schmoren lassen.
Knoblauch schälen und zerdrücken.
Pfeffer, Paprika, Thymian, Knoblauch und Salz mit einem
halben Liter Wasser verrühren, aufgießen und ca.
5 Minuten aufkochen lassen.
Mehl mit dem restlichen Wasser anrühren und langsam,
unter ständigem Rühren daruntergießen.

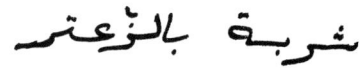

Kichererbsensuppe
lablabi

250 g getrocknete Kichererbsen
4 Knoblauchzehen
1 Zitrone
4 Eßl. Olivenöl
1 Teel. Kümmel
1 Teel. Harissa
1 Teel. Salz
1 1/2 Liter Wasser
altes Brot

Kichererbsen verlesen und über Nacht einweichen. Erbsen in Wasser weich kochen und die verdampfte Flüssigkeit immer wieder ersetzen.
Knoblauch schälen, mit Kümmel und Salz zerdrücken und mit Harissa zur Suppe geben.
Mit Olivenöl und Zitronensaft abschmecken.
Altes Brot würfeln und in etwas heißer Butter braun braten, in die Teller verteilen und mit Suppe übergießen.

Dicke Bohnensuppe
m' dammis

2000 g dicke grüne Bohnen
4 Knoblauchzehen
1 Zitrone
6 Eßl. Olivenöl
1 Eßl. Butter
1 Teel. Salz
1/2 Teel. Kümmel
1/2 Teel. Harissa
1 1/2 Liter Wasser
altes Brot

Bohnen aus den Schoten lösen, 30 Minuten in 1/2 Liter Wasser kochen. Knoblauch schälen, zerdrücken und mit Harissa, Kümmel und Salz vermischt zur Suppe geben. Mit dem restlichen Wasser aufgießen, erneut aufkochen und mit Olivenöl und Zitronensaft abschmecken.
Etwas Butter in einer Pfanne erhitzen und gewürfeltes, altes Brot goldbraun anbraten, in Suppenteller verteilen und die Suppe darübergießen.

Helle Suppe
schorba bitha

250 g Lammfleisch	Fleisch säubern, in kleine Stücke schneiden, salzen und
100 g Reis	pfeffern. Zwiebel schälen, kleinhacken. Butter oder
2 Eier	Schmalz erhitzen und die Zwiebel mit dem Fleisch ca.
1 Zwiebel	10 Minuten anbraten. Mit Wasser aufgießen und zugedeckt
1 Bund Petersilie	ca. 20 Minuten auf Mittelstufe garen. Reis dazugeben und
1 Zitrone	weitere 20 Minuten kochen. Ab und zu mit Wasser aufgießen.
2 Eßl. Butter oder	Heiß in Suppentassen füllen. Petersilie waschen und fein
Lammschmalz	schneiden. Zitrone pressen und die Eier aufschlagen,
1 Teel. Salz	mit dem Zitronensaft und der Petersilie verquirlen.
1/2 Teel. Pfeffer	Auf die Suppentassen verteilen und mit Baguette servieren.
1 Liter Wasser	

Gemüsesuppe
schorba bil chodra

500 g Tomaten
200 g Lammfleisch
ohne Knochen
200 g Fadennudeln
50 g Kichererbsen
1 Kartoffel
1 Karotte
1 Zucchini
1 Zwiebel
1 Bund frischer Koriander
1/2 Knolle Sellerie
2 Eßl. Pflanzenöl
1 Eßl. Lamm- oder
Rinderschmalz
1/2 Eßl. milder Paprika
1/4 Eßl. Pfeffer
1 Teel. Salz
1/2 Teel. Zimt
1/2 Liter Wasser

Die Kichererbsen über Nacht einweichen.
Tomaten waschen, entkernen und im Mixer pürieren.
Fleisch waschen und in kleine Stücke teilen.
Kartoffel schälen, waschen und in kleine Würfel schneiden.
Zucchini, Karotte und Sellerie schälen, mit Wasser
abspülen und alles in kleine Würfel schneiden.
Zwiebel schälen und kleinhacken. Koriander putzen und
zerkleinern. Zwiebel in heißem Öl und Schmalz glasig
dünsten, Fleisch dazugeben und ca. 10 Minuten anbraten.
Mit dem Tomatenpüree, der Hälfte des Korianders,
Pfeffer, Paprika, Zimt und Salz würzen und kurz dünsten.
Mit Wasser auffüllen, aufkochen lassen, dann die Kicher-
erbsen und Gemüsewürfel einrühren und zugedeckt ca.
30 Minuten kochen.
Von Zeit zu Zeit das verdampfte Wasser ersetzen.
Die Nudeln dazugeben und weitere 15 Minuten kochen.
Mit dem restlichen Koriander bestreuen und mit Zitronen-
scheiben garnieren.

شوربة بالخضرة

Gemüsesuppe mit Lammfleisch
brudu allusch

500 g Lammfleisch
30 g Butter
3 Karotten
2 Kartoffeln
1 Rettich
1 Bund Selleriekraut
1 Bund Petersilie
1/2 Stange Lauch
3 Eßl. Olivenöl
1 Eßl. Tomatenmark
1 Teel. Salz
1/2 Teel. Pfeffer
2 Liter Wasser

Lammfleisch waschen, in kleine Stücke teilen, und mit Salz und Pfeffer würzen. Olivenöl erhitzen, Fleischstücke mit Tomatenmark kurz anbraten und mit Wasser aufgießen. Inzwischen Karotten, Kartoffeln und Rettich waschen, schälen und kleinschneiden. Sellerie und Lauch säubern und ebenfalls zerkleinern. Die Gemüsestücke zum Fleisch geben und gar kochen. Mit Butter abschmecken. Petersilie waschen, kleinhacken und über die fertige Suppe streuen.

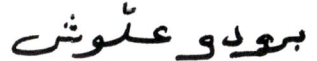

Graupensuppe mit Lammfleisch
schorba bil allusch

500 g Lammfleisch
100 g Graupen oder Nudeln
1 Bund Sellerie
1 Bund Petersilie
1 Zitrone
1 Eßl. Butter
1 Teel. Tomatenmark
1 Teel. Salz
1/2 Teel. milder Paprika
1/4 Teel. Pfeffer
2 Liter Wasser

Fleisch säubern und mit Salz und Pfeffer würzen. Anschließend in Stücke schneiden. Sellerie und Petersilie waschen und zusammenbinden. Alles mit dem Tomatenmark und dem Paprika in einen Topf geben und mit Wasser aufgießen. Kurz aufkochen lassen und eine halbe Stunde köcheln. Dann die Graupen bzw. Nudeln dazugeben und eine weitere halbe Stunde kochen. Von Zeit zu Zeit umrühren und das verdampfte Wasser ersetzen. Das Sellerie/Petersilien-Bündel lösen und das Suppengrün gleichmäßig verteilen. Die Suppe mit Butter abschmecken und mit Zitronenvierteln garniert noch heiß servieren.

شربة بالعلّوش

Bouillon aus Lammfüßen
hargma allusch

12 Lammfüße	Haare von den Lammfüßen über dem Feuer absengen und
2 Eier	waschen. In zwei Stücke hacken. Salzen und pfeffern.
4 Eßl. Olivenöl	Olivenöl erhitzen, Harissa einrühren und mit Wasser auf-
1 Eßl. Kräuteressig	gießen. Lammfüße einlegen und garen, bis sich das Fleisch
1 Teel. Harissa	vom Knochen löst.
1 Teel. Salz	Mit den Eiern legieren und mit Kräuteressig abschmecken.
1 Teel. Pfeffer	
2 Liter Wasser	

Bouillon aus Kalbsfüßen
hargma bagri

1 Kalbsfuß	Haare vom Kalbsfuß und Kalbsschwanz absengen und in
1 Kalbsschwanz	vier Teile hacken, mit Salz, Pfeffer, Koriander, Harissa und
2 Eßl. Essig	Paprika in einen Topf geben, Wasser aufgießen und ca.
1 Eßl. Mehl	zwei Stunden kochen. Fuß und Schwanzstücke aus der
1 Teel. Harissa	Brühe nehmen, von den Knochen lösen, in kleine Stücke
1 Teel. Paprika	schneiden und wieder in die Suppe geben.
1 Teel. Koriander	Mehl mit etwas kaltem Wasser anrühren, zur Suppe gießen
1 Teel. Salz	und mit Essig abschmecken.
1/2 Teel. Pfeffer	
2 1/2 Liter Wasser	

Fischsuppe
brudu hut

500 g Weißfisch	Karotten, weiße Rüben, Kartoffeln und Rettich waschen,
4 Karotten	schälen und in kleine Stücke teilen.
2 weiße Rüben	Lauch säubern und kleinschneiden.
2 Kartoffeln	Petersilie und Sellerie waschen und kleinhacken.
1 Rettich	Das Gemüse in Olivenöl kurz anbraten, mit Tomatenmark
1 Stange Lauch	und Wasser aufgießen, salzen und pfeffern,
1 Bund Petersilie	und 45 Minuten garen lassen.
1 Bund Selleriekraut	Inzwischen den Fisch waschen, putzen und in Stücke teilen.
2 Eßl. Olivenöl	Gemüse aus dem Sud nehmen, Fischstücke in die Suppe
1 Eßl. Tomatenmark	geben und etwa 30 Minuten kochen lassen.
1 Teel. Salz	Fischstücke herausnehmen und entgräten.
1 Teel. Pfeffer	Fisch und Gemüse pürieren, mit dem Sud aufgießen,
1 Liter Wasser	gut durchrühren und heiß mit Baguette servieren.

Hühnersuppe
schorba bid' jaj

1 Hähnchen	Hähnchen ausnehmen, waschen, in Stücke schneiden,
150 g Nudeln	salzen und pfeffern.
1 Bund Petersilie	Olivenöl erhitzen und die Hühnerteile kurz scharf anbraten.
1 Zitrone	Tomatenmark und Harissa dazugeben und mit Wasser
1/4 Knolle Sellerie	aufgießen. Sellerie waschen, würfeln, unterrühren und ca.
3 Eßl. Olivenöl	30 Minuten gar kochen.
1 Eßl. Butter	Nudeln dazugeben und von Zeit zu Zeit kräftig umrühren.
1 Eßl. Tomatenmark	Mit Butter abschmecken.
1 Teel. Salz	Petersilie waschen, fein hacken, darüberstreuen und mit
1/2 Teel. Pfeffer	Zitronenscheiben und Baguette servieren.
1/2 Teel. Harissa	
2 Liter Wasser	

شـربة بالتـجاج

Harissa
h'risa

Harissa besteht aus getrockneten, roten Peperoni, Knoblauch, Salz und Kreuzkümmel. Es gehört zu den am meisten verwendeten Gewürzmischungen der tunesischen Küche, die damit ihre typische Schärfe erlangt.
Inzwischen kann man Harissa auch fertig in Döschen nicht nur in türkischen Spezialgeschäften kaufen, sondern beinahe in jedem Kaufhaus. Aber man kann es auch selber machen.

500 g rote, scharfe Peperoni
2 Knollen Knoblauch
2 Eßl. Salz
1 Eßl. Kreuzkümmel
1/8 Liter Olivenöl

Peperoni an einem trockenen, sonnigen Ort trocknen lassen. Stiele und Kerne entfernen und die Schoten mit 1 Eßl. Salz in einem Mörser fein zerstoßen. Knoblauch schälen und mit dem restlichen Salz und Kümmel pürieren. Alles gut zusammenrühren und in kleinen Marmeladegläsern gut verschlossen aufbewahren.

Zubereitung von getrocknetem Fleisch

2.500 g Lammfleisch
ohne Knochen
250 g Salz
100 g Harissa
50 g Knoblauch
1 Eßlöffel getrocknete
Pfefferminzblätter

Salz, Knoblauch und Pfefferminzblätter in einem Mörser fein zerstoßen. Alles zusammen gut vermischen.
Das Fleisch in lange Streifen schneiden, mit den Gewürzen gut einreiben und in eine Schüssel legen.
Ca. 2 bis 3 Eßlöffel Wasser darübergießen.
Über Nacht stehen lassen.
Am nächsten Morgen in ein Sieb zum Abtropfen geben. Anschließend 2 bis 3 Tage in die pralle Sonne hängen. Danach in einer Dose oder einem Stoffsack aufbewahren. Vor der Verwendung einweichen.

Feuertopf
schakschouka

500 g Tomaten
300 g milde Peperoni
200 g getrocknetes
Lammfleisch oder
Lammwürstchen
100 g scharfe Peperoni
4 Eier
4 Zwiebeln
2 Eßl. Pflanzenöl
1 Eßl. Lamm- oder
Rinderschmalz
1 Teel. Salz
1/2 Teel. milder Paprika
1/2 Teel. Harissa
1/4 Liter Wasser

Die Tomaten waschen, Kerne und Saft herausdrücken. Peperoni waschen und entkernen. Beides zerkleinern. Zwiebeln schälen und jeweils in 6 bis 8 Stücke teilen. Fleisch oder Würstchen waschen und in kleine Stücke schneiden. Öl und Schmalz erhitzen. Zwiebeln darin anbraten. Fleisch, bzw. Würstchen und Tomaten nacheinander dazugeben. Harissa, Paprika und Salz in Wasser auflösen und untermischen. Zugedeckt ca. 35 Minuten kochen. Ab und zu umrühren und verdampftes Wasser nachfüllen. Die Peperoni dazugeben und noch weitere 15 Minuten garen. Die Eier unterrühren und heiß mit Baguette servieren.
Statt der Lammwürstchen können auch Rindswürste oder Geflügelinnereien verwendet werden. Die Garzeit ist dann entsprechend zu ändern.

شكشوكة

Eintopf auf Nabeuler Art, sehr scharf
schakschouka nablia

500 g Tomaten
300 g milde Peperoni
200 g frisches oder
getrocknetes Lammfleisch
200 g Lammwürstchen
100 g scharfe Peperoni
4 Eier
4 Knoblauchzehen
1 Eßl. Lamm- oder
Rinderschmalz
1/2 Eßl. Harissa
1/2 Eßl. Pfeffer
1/2 Eßl. milder Paprika
1 Teel. Salz
1/2 Teel. Kreuzkümmel
1/4 Liter Wasser

Tomaten und Peperoni waschen, entkernen und in Würfel
schneiden. Fleisch und Würstchen waschen, in kleine
Stücke zerteilen und in heißem Schmalz kurz andünsten.
Tomaten, Pfeffer, Harissa und Paprika dazugeben, mit
Wasser aufgießen und ca. 45 Minuten schwach kochen.
Anschließend Knoblauch pressen, mit den Peperoni-
stückchen und dem Kreuzkümmel unterrühren und
nochmals 15 Minuten kochen.
Von Zeit zu Zeit das verdampfte Wasser ersetzen.
Zum Schluß salzen und die Eier wie Spiegeleier
darüberschlagen. Zugedeckt fest werden lassen.
Je nach Geschmack können Lammfleisch und Lamm-
würstchen weggelassen werden.

شكشوكة نابليّة

Karotteneintopf
schakschouka sfennaria

500 g Karotten	Karotten schälen, waschen und in dünne Streifen schneiden.
4 Eier	Zwiebel schälen und in kleine Stücke hacken.
1 Zwiebel	Öl erhitzen, Zwiebeln dazugeben und glasig dünsten.
6 Eßl. Olivenöl	Tomatenmark, Harissa, Paprika, Pfeffer und Salz in
1 Eßl. Tomatenmark	kaltem Wasser anrühren, dazugießen und fünf Minuten
1 Teel. Harissa	aufkochen. Die Karotten untermischen und bei schwacher
1 Teel. milder Paprika	Hitze weitere 30 Minuten kochen.
1/2 Teel. Salz	Von Zeit zu Zeit das verdampfte Wasser ersetzen.
1/4 Teel. Pfeffer	Wenn das Gemüse gar ist, vorsichtig vier Eier spiegeleier-
1/4 Liter Wasser	ähnlich darüberschlagen und nochmals zugedeckt fünf
	Minuten ziehen lassen.

شكشوكة سفنرية

Dicke Bohneneintopf
schakschouka ful achdar

500 g Spinat
300 g dicke Bohnen
200 g frisches oder
getrocknetes Lammfleisch
200 g Lammwürstchen
1 Zitrone
1 große Zwiebel
1 Bund Petersilie
4 Eßl. Pflanzenöl
1 Eßl. Lamm- oder
Rinderschmalz
1 Eßl. Tomatenmark
1/2 Eßl. Harissa
1/2 Eßl. milder Paprika
1 Teel. Salz
1/4 Liter Wasser

Bohnenschoten waschen, Stiel und Spitze abschneiden, Fäden abziehen, in 2 bis 3 Stücke schneiden.
Spinat putzen, waschen und grob hacken.
Petersilie waschen und zerkleinern.
Die Zwiebel schälen, kleinschneiden und in heißem Öl und Schmalz glasig dünsten.
Tomatenmark, Harissa und Paprika mit kaltem Wasser verrühren und aufgießen. Fleisch und Würstchen waschen, in kleine Stücke schneiden und ebenfalls dazugeben.
Alles zusammen bei schwacher Hitze etwa 30 Minuten kochen und ab und zu verdampftes Wasser nachfüllen.
Bohnen, Spinat und Petersilie hinzufügen und weitere 20 Minuten garen.
Mit Salz abschmecken und mit geviertelten Zitronen servieren.
Fleisch und Würstchen kann man auch weglassen.

شكشوكة فول اخضر

Dicke Bohnen- und Erbseneintopf
schakschouka jilbana we ful

500 g dicke Bohnen
500 g grüne Erbsenschoten
250 g Tomaten
200 g frisches oder
getrocknetes Lammfleisch
200 g Lammwürstchen
100 g scharfe Peperoni
4 Eier
4 Knoblauchzehen
2 Eßl. Pflanzenöl
1 Eßl. Lammschmalz
1/2 Eßl. Pfeffer
1/2 Eßl. Harissa
1/2 Eßl. milder Paprika
1/2 Teel. Kreuzkümmel
1/4 Liter Wasser

Dicke Bohnen waschen und abziehen. Erbsen aus den Schoten lösen. Tomaten und Peperoni waschen, entkernen und in kleine Würfel schneiden. Fleisch und Würstchen waschen, in kleine Stücke teilen und im erhitzten Lammschmalz und Öl anbraten. Dicke Bohnen, Erbsen und Tomaten beigeben. Harissa, Paprika und Salz in Wasser aufrühren und untermischen, mit kaltem Wasser aufgießen und ca. 45 Minuten kochen. Peperoni, gepreßten Knoblauch und Kreuzkümmel dazugeben. Ständig gut umrühren und verdampftes Wasser von Zeit zu Zeit auffüllen.
Nach weiteren 15 Minuten die Eier wie Spiegeleier vorsichtig darüberschlagen und zugedeckt stocken lassen. Heiß mit Baguette servieren.
Bei diesem Gericht kann man auf das Fleisch bzw. die Würstchen verzichten.

تكشوكة حلبانة وفول

Eintopf aus getrockneten dicken Bohnen
ful schayeh

400 g dicke
getrocknete Bohnen
200 g getrocknetes
Lammfleisch
4 Knoblauchzehen
2 Eßl. Pflanzenöl
1 Eßl. Lammschmalz
1 Eßl. Tomatenmark
1 Teel. Harissa
1 Teel. milder Paprika
1 Teel. Kreuzkümmel
3/4 Liter Wasser

Dicke Bohnen über Nacht einweichen. Die Haut abziehen.
Lammfleisch waschen und in mittelgroße Stücke schneiden.
Zusammen mit den dicken Bohnen in heißem Öl kurz
anbraten und mit 1/2 Liter Wasser aufgießen.
Zugedeckt etwa 30 Minuten weich kochen lassen.
Danach die Bohnen mit einem Kochlöffel zerdrücken.
Knoblauch schälen und ebenfalls zerdrücken.
Tomatenmark, Harissa, Paprika, Salz, Kreuzkümmel und
Knoblauch untereinander mischen und mit dem restlichen
Wasser verrühren.
Weitere 20 Minuten kochen, bis auch das Fleisch weich ist.

فول شايح

Erbseneintopf
market jilbana

1250 g Erbsen in Schoten
500 g Lammfleisch
1 große Zwiebel
1 Bund Petersilie
6 Eßl. Olivenöl
1 Eßl. Tomatenmark
1 Teel. Harissa
1 Teel. milder Paprika
1/2 Teel. Salz
1/4 Teel. Pfeffer
1/2 Liter Wasser

Fleisch waschen und in kleine Würfel schneiden, pfeffern und salzen. Die Zwiebel schälen, kleinhacken und mit dem Fleisch etwa 10 Minuten in heißem Öl scharf anbraten. Tomatenmark, Harissa und Paprika in etwas Wasser anrühren und zum Fleisch gießen. Mit Wasser auffüllen und zugedeckt ca. 30 Minuten ziehen lassen.
Erbsen aus den Schoten nehmen, beides zum Fleisch geben und etwa 30 Minuten weiterkochen.

مرقة جلبانة

Linseneintopf
market âdas

500 g Lammfleisch	Linsen über Nacht in Wasser einweichen.
200 g getrocknete Linsen	Fleisch waschen und in kleine Stücke zerteilen.
4 Knoblauchzehen	Knoblauch schälen, kleinhacken und mit Pfeffer und Salz
1 große Zwiebel	mischen. Das Fleisch damit einreiben. Zwiebel schälen,
6 Eßl. Olivenöl	fein schneiden und mit den Fleischwürfeln kurz in heißem
1 Eßl. Tomatenmark	Öl anbraten.
1 Teel. milder Paprika	Tomatenmark, Harissa und Paprika in Wasser anrühren,
1/2 Teel. Harissa	zum Fleisch geben und mit Wasser auffüllen.
1/2 Teel. Salz	Die Linsen dazugeben und bei schwacher Hitze ca.
1/4 Teel. Pfeffer	50 Minuten zugedeckt garen.
1 Liter Wasser	Herd ausschalten, Topf abdecken und etwas sämig
	anziehen lassen.

Zubereitung von Artischocken

Blätter entfernen. Fasern vom Herz mit einem Teelöffel lösen und mit Zitronensaft einreiben, damit es nicht schwarz wird. Dann nach dem jeweiligen Rezept weiterverarbeiten.

Artischockeneintopf
market gennaria

500 g Lammfleisch	
12 Artischocken	
2 Zitronen	
1 große Zwiebel	
6 Eßl. Olivenöl	
1/2 Teel. Salz	
1/4 Teel. Pfeffer	
1 Messerspitze Safran	
1/4 Liter Wasser	

Fleisch waschen, in kleine Stücke schneiden, salzen und pfeffern. Zwiebel schälen, fein hacken und mit dem Fleisch gemeinsam in heißem Öl anbraten. Mit Wasser auffüllen und ca. 40 Minuten zugedeckt brodeln lassen.
Inzwischen die Artischocken putzen, die Herzen auslösen und mit dem Saft einer Zitrone frisch halten, damit sie nicht schwarz werden.
Die andere Zitrone schälen, in Scheiben schneiden und mit den Artischocken und dem Safran zum Fleisch geben.
Weitere 20 Minuten garen.

مرقة قنرّيّة

Champignoneintopf
market fuggaâ

500 g Lammfleisch
ohne Knochen
500 g Champignons
2 Knoblauchzehen
6 Eßl. Pflanzenöl
1 Eßl. Tomatenmark
1 Teel. Salz
1/2 Teel. milder Paprika
1/4 Teel. Pfeffer
1/4 Liter Wasser

Fleisch waschen, in vier Scheiben schneiden, salzen und
pfeffern. Mit einem kleinen Messer nicht zu große Löcher
hineinstechen. Knoblauch schälen, in dünne Stifte
schneiden, in die Löcher stecken und ruhenlassen.
Die Hälfte des Öls erhitzen. Tomatenmark, Paprika
und Pfeffer mit etwas Wasser verrühren, dazugießen und bei
mittlerer Hitze ca. 10 Minuten eindicken lassen.
Inzwischen den Rest des Öls erhitzen.
Darin die Fleischscheiben auf beiden Seiten braun braten
und in die Tomatensoße legen.
Champignons putzen und im Ganzen dazugeben.
Zusammen etwa 20 Minuten braten.

مرقة فقاع

Sellerieeintopf
market klafes

500 g Lammfleisch
ohne Knochen
200 g Selleriekraut
100 g weiße Bohnen
2 Eier
1 Zwiebel
4 Eßl. Pflanzenöl
1 Eßl. Lamm- oder
Rinderschmalz
1 Eßl. Tomatenmark
1 Eßl. Zitronensaft
1 Teel. Harissa
1 Teel. milder Paprika
1/2 Teel. Salz
1/4 Teel. Pfeffer
1/2 Liter Wasser

Weiße Bohnen über Nacht in Wasser einweichen. Fleisch waschen und in große Stücke schneiden, salzen und pfeffern. Zwiebel schälen, fein hacken und mit den Fleischstückchen ca. 10 Minuten in heißem Öl anbraten. Tomatenmark, Harissa und Paprika in wenig Wasser auflösen und mit den Bohnen gemeinsam zum Fleisch geben. Das restliche Wasser aufgießen und zugedeckt weitere 40 Minuten ziehen lassen. Sellerie putzen, waschen und in ca. 3 cm lange Stücke schneiden und zum Eintopf geben. Eier verquirlen und nach weiteren 20 Minuten mit Zitronensaft und Lammschmalz einrühren.

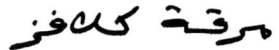

Kartoffeleintopf
market batata

500 g Lammfleisch
500 g Kartoffeln
100 g Kichererbsen
1 Zwiebel
4 Eßl. Pflanzenöl
1 Eßl. Tomatenmark
1 Teel. Harissa
1 Teel. milder Paprika
1/2 Teel. Salz
1/4 Teel. Pfeffer
1 Liter Wasser

Die Kichererbsen über Nacht in Wasser einweichen.
Fleisch waschen und in kleine Stücke schneiden, salzen
und pfeffern. Zwiebel schälen, kleinschneiden und mit
dem Fleisch in heißem Öl anbraten. Tomatenmark, Harissa
und Paprika verrühren und gemeinsam mit den Kichererbsen unter das Fleisch mengen. Mit Wasser aufgießen
und zugedeckt ca. 50 Minuten kochen. Kartoffeln schälen,
waschen und in jeweils vier Stücke zerteilen.
In den Topf geben und etwa 30 Minuten garen.

مرقة بطاطة

Kartoffeleintopf mit getrocknetem Lammfleisch
market batata bil' lham

500 g Kartoffeln
200 g getrocknetes
Lammfleisch
1 Zwiebel
2 Eßl. Pflanzenöl
1 Eßl. Lamm- oder
Rinderschmalz
1 Eßl. Tomatenmark
1 Teel. Harissa
1 Teel. milder Paprika
1/4 Liter Wasser

Zwiebel schälen, in kleine Würfel hacken und in heißem Öl und Schmalz glasig dünsten. Tomatenmark, Harissa und Paprika mit kaltem Wasser anrühren und dazugießen. Fleisch in kleine Stücke schneiden, zur Soße geben und zugedeckt ca. 30 Minuten kochen.
Kartoffeln schälen, waschen, in kleine Würfel schneiden und ebenfalls in den Topf geben.
Etwa 20 Minuten weiterkochen und immer wieder das verdampfte Wasser nachfüllen.
Verzichtet man auf das Fleisch, kann man am Schluß spiegeleierähnlich 2 – 3 Eier vorsichtig darüberschlagen.

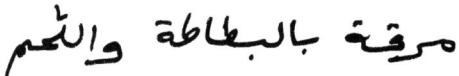

Aubergineneintopf
market betenjen

500 g Kalbfleisch
50 g Kichererbsen
2 große Auberginen
1 große Zwiebel
6 Eßl. Pflanzenöl
2 Eßl. Essig
1 Eßl. Tomatenmark
1 Teel. Harissa
1 Teel. Paprika
1 Teel. Salz
1/2 Teel. Koriander
1/4 Teel. Pfeffer
1 Liter Wasser

Kichererbsen über Nacht in Wasser einweichen.
Fleisch in große Stücke schneiden und mit Salz,
Pfeffer und Koriander einreiben.
Zwiebel schälen, grob hacken und mit dem Fleisch
in der Hälfte des erhitzten Öls kurz anbraten.
Tomatenmark, Harissa und Paprika in etwas Wasser anrüh-
ren, dazugießen und die Kichererbsen untermengen.
Aufkochen lassen, mit Wasser bedecken und zugedeckt bei
schwacher Hitze ca. 30 Minuten köcheln lassen.
Inzwischen Auberginen waschen, Stiel entfernen,
in Würfel schneiden und in heißem Öl goldbraun anbraten.
Auf Küchenpapier abtropfen lassen und mit einem Schuß
Essig zum Eintopf geben.
Herd abschalten und zugedeckt noch ca. 10 Minuten
ziehen lassen.

Retticheintopf
market left

500 g Kalbfleisch
ohne Knochen
500 g Rettich
50 g Kichererbsen
2 Bund Petersilie
1 große Zwiebel
1 Zitrone
6 Eßl. Pflanzenöl
1 Eßl. Tomatenmark
1 Teel. Harissa
1 Teel. milder Paprika
1 Teel. Salz
1/4 Teel. Pfeffer
1 Liter Wasser

Kichererbsen über Nacht einweichen. Fleisch in große Würfel schneiden, mit Salz und Pfeffer würzen, die Zwiebel schälen, grob hacken und beides in heißem Öl scharf braten. Tomatenmark, Harissa und Paprika mit etwas Wasser verrühren, mit den Kichererbsen vermengen und ca. 10 Minuten dünsten. Mit Wasser bedecken, aufkochen und bei schwacher Hitze zugedeckt etwa 35 Minuten garen. Inzwischen Rettiche schälen, waschen, in 2 cm dicke Scheiben schneiden, dazugeben und aufgedeckt nochmals 15 Minuten eindicken lassen. Petersilie waschen, fein hacken und mit Zitronensaft zum Eintopf geben.
Nach 5 Minuten mit Baguette servieren.

مرقة لفت

Gemüseeintopf
market chodra

500 g Rindfleisch
250 g Rote Bete
200 g Tomaten
150 g milde Peperoni
100 g scharfe Peperoni
100 g Kichererbsen
1 Rettich
1 Zitrone
1 Zwiebel
1 Bund Petersilie
6 Eßl. Pflanzenöl
1 Eßl. Tomatenmark
1 Teel. Harissa
1 Teel. Salz
1/2 Teel. Koriander
1/4 Teel. Pfeffer
1 Liter Wasser

Die Kichererbsen über Nacht einweichen. Das Fleisch waschen und in Gulaschstücke schneiden. Mit Salz, Pfeffer und Koriander würzen. Zwiebel schälen, fein hacken und mit den Fleischstückchen ca. 10 Minuten in heißem Öl anbraten. Rote Bete schälen, waschen und in Scheiben schneiden. Alles zusammen zum Fleisch geben und mit Wasser auffüllen. Etwa 20 Minuten zugedeckt kochen lassen. Rettich schälen, waschen und in kleine Stücke schneiden. Tomatenmark, Harissa und Paprika mit wenig Wasser anrühren und mit dem Rettich zu dem übrigen geben. Etwa 50 Minuten weitergaren. Peperoni und Tomaten waschen und entkernen, Tomaten in Scheiben schneiden und milde Peperoni in je vier Stücke teilen. Die scharfen Peperoni ganz lassen. Alles in den Topf geben und aufgedeckt ca. 15 Minuten ziehen lassen.
Heiß mit Baguette servieren.

مرقة خضرة

Eintopf mit eingelegtem Gemüse
market ommäleh

500 g Rindfleisch
100 g weiße Bohnen
100 g in Essig
eingelegtes Gemüse
100 g milde Peperoni
100 g grüne Oliven
ohne Kerne
50 g Chilischoten
1 große Zwiebel
1 eingelegte Zitrone
4 Eßl. Olivenöl
1 Eßl. Tomatenmark
1 Eßl. Kapern
1 Teel. Koriander
1 Teel. milder Paprika
1 Teel. Harissa
1/2 Teel. Pfeffer
1/4 Teel. Salz
3/4 Liter Wasser

Bohnen über Nacht in Wasser einweichen. Fleisch waschen, in Gulaschwürfel schneiden und mit Pfeffer, Salz und Koriander würzen. Zwiebel schälen, kleinhacken und mit dem Fleisch in heißem Öl anbraten. Tomatenmark, Harissa und Paprika mit etwas Wasser verrühren. Mit den Bohnen zum Fleisch geben, mit Wasser auffüllen und zugedeckt etwa 60 Minuten kochen. Ab und zu umrühren und das verdampfte Wasser ersetzen. Das eingelegte Gemüse ca. 20 Minuten in kaltes Wasser legen, damit sich das Salz reduziert. Das Gemüse und die Zitrone mit den Peperoni, Chilischoten, Kapern und Oliven zum Eintopf geben und weitere 10 Minuten ziehen lassen.

مرقة المّالح

Tintenfischeintopf
market subia

1000 g frische Tintenfische	Die Kichererbsen über Nacht einweichen.
500 g weiße Rüben	Tintenfische waschen, Innereien und Augen entfernen.
100 g Kichererbsen	Nochmals gründlich waschen und salzen.
3 Tomaten	Die Zwiebel schälen, fein hacken und in Öl braun braten.
1 Zwiebel	Tomaten waschen, vierteln, entkernen und pürieren.
1 Bund Petersilie	Mit Harissa, Paprika und den Kichererbsen zum Fisch
4 Eßl. Pflanzenöl	geben, mit Wasser aufgießen und ca. 60 Minuten bei
1 Teel. Harissa	schwacher Hitze ziehen lassen.
1 Teel. milder Paprika	Inzwischen die weißen Rüben schälen, vierteln und
1/2 Teel. Salz	waschen. Petersilie waschen, fein hacken und zusammen
1/4 Teel. Pfeffer	in den Topf geben. Nochmals etwa 30 Minuten kochen.
1/2 Liter Wasser	Abschmecken und eventuell den Saft einer Zitrone
eventuell Zitronensaft	dazugeben.

Fleisch

Montags und dienstags ist in Ghardimaou, dem nächst größeren Ort Markttag. Morgen darf ich zum ersten Male mit. Vor Aufregung kann ich schon seit Tagen nicht mehr richtig schlafen.

Das einzige, was meine Freude trübt, ist die Tatsache, daß Algia, die älteste unserer Kühe verkauft werden soll. Aber wovon sollte sonst meine Jidda all das bezahlen, was wir so dringend zum täglichen Leben brauchen. So trottet dann auch am nächsten Morgen, als wir bereits um 4 Uhr in der Früh aufbrechen, Algia an einem Strick hinter dem Pferd her, auf dem meine Großmutter und ich zum Markt reiten. Angekommen lassen wir unser Pferd auf dem „Parkplatz" zurück, auf dem auch die anderen, auswärtigen Marktbesucher ihre Pferde und Esel einem Wächter gegen geringes Entgeld anvertrauen. Und dann beginnt das große Feilschen. Ich hätte nie gedacht, daß meine Jidda so hartnäckig sein könnte. Auf den Millime genau – den tunesischen Pfennig – bekam sie das, was sie sich vorgestellt hatte. Davon kauften wir zuerst einmal frisches Fleisch. Dann machten wir uns auf den Weg zu Verwandten, bei denen wir übernachten wollten, denn am nächsten Tage ging das Markttreiben erst richtig los.

Abends wurde meiner Großmutter zu Ehren festlich gekocht. Es gab köstliche Fleischgerichte, von denen ich bisher noch nicht einmal geträumt hatte und die gewiß auch Sie nun zum Träumen bringen werden.

Lammwürstchen
mergez allusch

750 g Lammfleisch ohne Knochen
4 Knoblauchzehen
1 Teel. gemahlener Fenchelsamen
1 Teel. Harissa
1 Teel. milder Paprika
1/2 Teel. Pfeffer
1/2 Teel. Salz
Lammdärme

Därme in kaltem Wasser innen und außen gut spülen.
Fleisch von Sehnen und Fett befreien, in kleine Würfel schneiden und durch den Fleischwolf drehen.
Knoblauch schälen, zerdrücken und mit Fenchelsamen, Paprika, Pfeffer, Salz und Harissa unterkneten.
Die Masse in die Därme füllen. Mit einem Zusatzaufsatz für den Fleischwolf geht es ganz einfach.
Den Darm ca. alle 10 cm abbinden, d.h. 2 bis 3 mal um die Achse drehen.
Würstchen geschützt an die frische Luft hängen, bis der Darm gut trocken ist.
Danach im Kühlschrank aufbewahren.

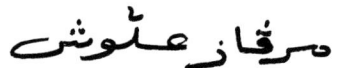

Lammwürstchen, gegrillt
mergez meschwi

2 Dtzd. Lammwürstchen
1 Zwiebel
1 Zitrone
1/2 Bund Petersilie
2 Eßl. Pflanzenöl

Öl erhitzen. Lammwürstchen einstechen und bei mittlerer Hitze zugedeckt andünsten. Nach etwa 10 Minuten abdecken, rundherum scharf braten und auf einem Teller anrichten. Zwiebel schälen und Petersilie waschen. Beides kleinhacken und über die Würstchen streuen. Salzen und mit Zitronenvierteln garnieren. Mit Tomatensoße und Baguette servieren.

Lammwürstchen, gebraten
mergez allusch mekli

2 Dtzd. Lammwürstchen
4 Eßl. Pflanzenöl

Öl erhitzen und die Lammwürstchen darin rundherum anbraten. Dazu reicht man Kartoffeln oder gebratenes Gemüse mit Tomatensoße.

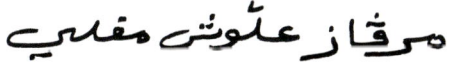

Gegrilltes Lamm am Spieß
allusch meschwi

1 Lamm
200 g Schmalz
150 g Butter
8 Lorbeerblätter
1 Zitrone
4 Eßl. Salz
1/2 Teel. Safran
1/2 Liter Pflanzenöl
1/2 Liter Wasser

Das abgezogene und ausgenommene Lamm gut waschen.
Innen und außen mit Butter und Schmalz einreiben und
mit Pfeffer, Salz und Safran würzen. Lorbeerblätter in das
Bauchinnere des Lammes geben und zunähen.
Das Lamm auf den Spieß stecken, dabei die Vorderbeine
um den Hals und die Hinterbeine um den Spieß binden.
Etwa 50 cm über ein offenes Feuer hängen und ständig
gleichmäßig drehen. Öl, Salz und Wasser verquirlen
und während des Grillens damit das Fleisch bestreichen.
Um zu verhindern, daß Flüssigkeit ins Feuer tropft,
nimmt man ein Tuch, taucht es in die Öl- Salz-
Wassermischung und reibt das Lamm damit ab.
Die braungebratenen, knusprigen Stücke abschneiden
und mit Zitronenscheiben servieren.
Den Rest weitergrillen, bis alles schön knusprig ist.

Lammspießchen
sfafid allusch

600 g Lammfleisch
150 g Lammspeck
2 kleine Tomaten
1 kleine Zwiebel
1/2 Bund Petersilie
frische Lorbeerblätter
4 Eßl. Pflanzenöl
1/2 Teel. Salz
1/2 Teel. Pfeffer

Den Lammspeck in dünne Scheiben schneiden.
Mit Salz und Pfeffer würzen. Das Lammfleisch waschen,
in Würfel zerteilen, salzen, pfeffern und mit Öl bestreichen.
Abwechselnd Fleisch, Speck und Lorbeerblätter auf
Spieße stecken und in einer gefetteten Grillpfanne
rundherum braten.
Die fertigen Spießchen auf einer Platte anrichten,
warm stellen. Zwiebel und Petersilie fein hacken und über
die Spießchen streuen.
Mit Tomaten und Zitronenvierteln garnieren.

سفافه عّوشى

Kartoffeln und Fleisch im Backofen
kuscha

750 g Lammfleisch
750 g Kartoffeln
200 g Tomaten
1 Bund Petersilie
1 Zwiebel
1 Eßl. Tomatenmark
1 Teel. milder Paprika
Salz
Pfeffer
1/2 Teel. Harissa
2 Eßl. Olivenöl
1/2 Liter Wasser

Backofen auf Mittelhitze vorheizen. Fleisch waschen, in Scheiben schneiden und mit Salz und Pfeffer würzen. Die Zwiebel schälen und in 4 – 5 Stücke teilen.
Tomatenmark, Harissa und Paprika mit Wasser verrühren. Öl in eine feuerfeste Auflaufform geben, Fleisch hineinschichten, Zwiebeln darauf legen, mit der Gewürzmischung aufgießen und in der Röhre ca. 30 Minuten schmoren. Von Zeit zu Zeit das Fleisch mit der Soße übergießen. Inzwischen Kartoffeln schälen, waschen und in dünne Scheiben schneiden. Tomaten waschen, vierteln, entkernen und zerkleinern. Kartoffeln und Tomaten zum Fleisch geben und weitere 30 Minuten dünsten.
Das Fleisch auf einer Servierplatte anrichten, Kartoffeln drumherum legen und die Soße darübergeben.
Petersilie waschen, kleinhacken und darüberstreuen.

كوشتة

Kartoffel-Fleisch-Gericht
batata fil kuscha

1000 g Kartoffeln
500 g Lammfleisch
30 g Butter
1 Zitrone
6 Eßl. Olivenöl
1 Teel. Pfeffer
1 Messerspitze Safran
Salz
Wasser

Die Kartoffeln schälen, waschen und in ca. 2 cm dicke Scheiben schneiden. Fleisch waschen und in kleine Stücke zerteilen. Öl in eine tiefe Pfanne geben. Das Fleisch einschichten und die Kartoffeln darüberlegen. Mit Wasser bedecken und ca. 60 Minuten zugedeckt bei mittlerer Hitze im Rohr dünsten. Wenn das Wasser verdampft ist, das Gericht herausnehmen, mit Butterflöckchen und Zitronenvierteln garnieren.

بطاطة في الكوشة

Gefüllter Lammbauch, geschmort
kerscha mehschia

1000 g Lammbauch
60 g Butter
1/4 Liter Wasser

Fülle:
250 g Kalbshackfleisch
200 g Reis
50 g Parmesan
4 Eier
2 Knoblauchzehen
2 Eßl. Pflanzenöl
1/4 Teel. Salz
1/4 Teel. Pfeffer
2 Messerspitzen Safran

Den Lammbauch waschen, von Fett und Sehnen säubern
Reis ca. 10 Minuten in Salzwasser kochen und abkühlen
lassen. Das Kalbshackfleisch salzen, pfeffern und in
heißem Öl so lange anbraten, bis es trocken ist.
Zwei hartgekochte Eier in kleine Würfel schneiden.
Parmesan reiben, Knoblauch schälen, kleinhacken
und alles mit zwei darübergeschlagenen rohen Eiern
und Safran mischen.
Diese Masse mit dem Reis und dem Hackfleisch verkneten.
Den Lammbauch damit füllen, zunähen und in einem Topf
mit Butter schmoren lassen.
Hin und wieder Wasser nachgießen.
Aufgeschnitten auf einer Platte anrichten und mit Kartoffeln
und Gemüse nach Belieben servieren.

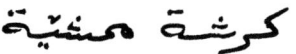

كرشة محشيّة

Lammgeschnetzeltes mit Zwiebeln
akbab

500 g Lammfleisch
2 Bund Petersilie
1 große Zwiebel
1 Zitrone
4 Eßl. Olivenöl
1 Teel. Tomatenmark
1/2 Teel. Salz
1/2 Teel. Pfeffer
1/4 Liter Wasser

Fleisch waschen und in schmale Streifen schneiden, salzen, pfeffern und ca. 10 Minuten in heißem Öl scharf braten. Tomatenmark in Wasser auflösen und zum Fleisch gießen. Zugedeckt etwa 30 Minuten auf Mittelhitze garen und hin und wieder umrühren.
Zwiebel schälen und kleinschneiden, Petersilie waschen, fein hacken und beides über das Gericht streuen.
Mit Zitronenvierteln garnieren und mit Baguette servieren.

كباب

Lammfrikadellen
kefta

400 g Lammhackfleisch
100 g Mehl
50 g Semmelbrösel
2 Eier
2 Knoblauchzehen
1 Zwiebel
1 Bund Petersilie
4 Eßl. Pflanzenöl
1 Teel. milder Paprika
1/2 Teel. Pfeffer
1/2 Teel. Salz

Hackfleisch mit Paprika, Pfeffer und Salz würzen. Petersilie waschen, mit Knoblauch und Zwiebel fein hacken und mit den Semmelbröseln und den rohen Eiern unter das Fleisch kneten. Frikadellen formen, in Mehl wälzen und auf beiden Seiten in heißem Öl braun braten.
Mit Tomatensoße und Baguette servieren.

كتفة

Lammkopf, gebraten
raas allusch mosli

1 Lammkopf
500 g Kartoffeln
2 Bund Petersilie
1 große Zwiebel
1 Zitrone
3 Eßl. Lammschmalz
1/2 Teel. Salz
1/2 Teel. Pfeffer
1 Messerspitze Safran
1/4 Liter Wasser

Den gehäuteten Kopf der Länge nach halbieren, dabei das Hirn nicht entnehmen. Mit Safran, Salz und Pfeffer gut würzen und mit Schmalz einreiben. In eine feuerfeste Form etwas Wasser gießen und die beiden Hälften mit der Schnittseite nach oben hineinlegen. Kartoffeln schälen, waschen, längs vierteln und um den Kopf legen.
Im vorgeheizten Rohr ca. 1 Stunde bei 200 Grad braten und von Zeit zu Zeit mit dem Bratensaft begießen. Inzwischen die Petersilie waschen, Zwiebel schälen und beides fein hacken.
Den Kopf auf einer Servierplatte mit den Kartoffeln anrichten, etwas Bratensoße darübergeben, mit Petersilie und Zwiebeln bestreuen und mit Zitronenvierteln garnieren.

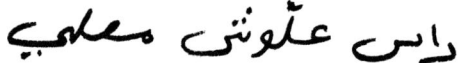

Lamminnereien mit Kümmel
kemmunia bis swayed

150 g Lammleber	Lungen, Nieren, Herz und Leber von Sehnen, Fett und
100 g Lammspeck	Blut säubern und jeweils in vier Stücke zerteilen.
2 Lammlungen	Gut mit kaltem Wasser waschen und danach 10 Minuten
2 Lammnieren	in kochendes Wasser legen.
1 Lammherz	Herausnehmen und abkühlen lassen, in Würfel schneiden,
1 Zwiebel	salzen, pfeffern und mit Koriander einreiben.
3 Eßl. Pflanzenöl	Zwiebel schälen und fein hacken, Speck in kleine
1 Eßl. Tomatenmark	Würfel schneiden und mit dem Fleisch ca. 5 Minuten
1 Teel. Kümmel	in heißem Öl anbraten.
1 Teel. Harissa	Tomatenmark, Harissa und Paprika mit etwas kaltem
1/2 Teel. milder Paprika	Wasser anrühren, an das Fleisch geben und weitere
1/2 Teel. Koriander	10 Minuten schmoren lassen.
1/4 Teel. Pfeffer	Das restliche Wasser aufgießen und zugedeckt
	ca. 35 Minuten weich kochen.
	Mit Kümmel abschmecken und aufgedeckt noch etwa
	10 Minuten eindicken lassen.

كَمّونِيّة بالنوايه

Lammleber mit Kümmel
kemmunia bil kebda

500 g Lammleber	Leber säubern, in Stücke schneiden und mit Koriander,
1 Zwiebel	Salz und Pfeffer würzen. Die Zwiebel schälen und fein
4 Eßl. Pflanzenöl	hacken. Das Öl erhitzen und die Leberstücke mit den
1 Eßl. Tomatenmark	Zwiebeln ca. 5 Minuten einkochen lassen. Mit dem restli-
1 Teel. Harissa	chen Wasser aufgießen und zugedeckt etwa 25 Minuten
1 Teel. Kümmel	garen. Kümmel dazugeben und aufgedeckt nochmals
1/2 Teel. milder Paprika	10 Minuten eindicken lassen.
1/2 Teel. Salz	
1/4 Teel. Pfeffer	

كمّونيّة بالكبدة

Lammagen mit Knoblauch
kerscha bit thum

500 g Lammagen	Kichererbsen über Nacht einweichen.
50 g Kichererbsen	Lammagen ca. 10 Minuten in kochendes Wasser legen,
6 Knoblauchzehen	schaben und mit kaltem Wasser nochmals gut waschen.
1 Zwiebel	In mittelgroße Stücke teilen und mit Salz,
4 Eßl. Pflanzenöl	Pfeffer und Koriander einreiben.
2 Eßl. Essig	Zwiebel schälen und fein hacken. Öl in einem Topf erhitzen,
1 Eßl. Tomatenmark	Magenstücke und Zwiebeln kurz anbraten.
1 Eßl. Harissa	Tomatenmark, Harissa und Paprika in Wasser verrühren
1 Teel. milder Paprika	und mit den Kichererbsen vermengen.
1/2 Teel. Koriander	Nach etwa 10 Minuten mit Wasser aufgießen und
1/2 Teel. Salz	45 Minuten weich kochen. Knoblauch schälen, zerdrücken,
1/4 Teel. Pfeffer	mit dem Essig vermischen, dazugeben und aufgedeckt
1 Liter Wasser	10 Minuten ziehen lassen.

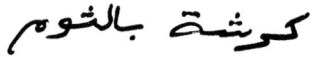

كرشة بالثوم

Kalbswürstchen mit Kapern
tajin mergez

500 g Kalbshack
500 g Kartoffeln
3 Eier
3 Knoblauchzehen
1 Zitrone
6 Eßl. Pflanzenöl
2 Eßl. Kapern
1 Eßl. Tomatenmark
1 Teel. milder Paprika
1 Teel. Harissa
1 Teel. Koriander
1/4 Teel. Pfeffer
1 Liter Wasser

Vier Eßlöffel Öl in einer Pfanne erhitzen.
Knoblauch schälen und fein hacken. Tomatenmark,
Harissa, Paprika, Knoblauch und etwas Wasser verrühren,
ins Öl gießen und ca. 15 Minuten kochen.
Inzwischen das Hackfleisch mit Salz, Pfeffer
und Koriander würzen und zu Würstchen rollen.
Die Soße mit Wasser aufgießen, die Würstchen einlegen,
aufkochen und bei schwacher Hitze 25 Minuten gar dünsten.
Die verdampfte Flüssigkeit von Zeit zu Zeit ersetzen.
Kartoffeln waschen, schälen und in dünne Scheiben schnei-
den. Salzen, pfeffern und separat in heißem Öl braten.
Zitrone gut mit kaltem Wasser abspülen und mit der
Schale in kleine Würfel schneiden.
Kapern von allen Stielen säubern, mit den Zitronenwürfeln
zur Soße geben und 10 Minuten ziehen lassen.
Eier hart kochen, schälen und längs vierteln.
Würstchen mit den Kartoffeln auf einer Servierplatte
anrichten, mit den Eiern und der Soße servieren.

طاجين مرقاز

Kalbfleisch mit Kapern
lahmet ajil bil kabbar

750 g Kalbfleisch
50 g Butter
100 g Gruyere
100 g Kapern
50 g Semmelbrösel
4 Eier
1 altes Baguette
1 kleine Zwiebel
8 Eßl. Pflanzenöl
1/2 Teel. Salz
1/2 Teel. Pfeffer
Wasser

Fleisch waschen, Sehnen und Fett entfernen, in ca. 1 cm dünne Scheiben schneiden, salzen und pfeffern. Zwiebel schälen, fein hacken und in heißem Öl glasig dünsten. Fleischscheiben dazugeben, auf beiden Seiten anbraten, mit Wasser bedecken und auf kleiner Flamme ca. 30 Minuten zugedeckt weich schmoren. Ab und zu umrühren und das verdampfte Wasser ersetzen. Zwei Eier hart kochen, ab- kühlen lassen, schälen und in kleine Würfel schneiden. Kapern kleinhacken, Käse reiben und mit den Semmel- bröseln, Salz, Pfeffer und zwei rohen, darüberge- schlagenen Eiern verrühren. Baguette in dünne Scheiben schneiden, beidseitig in heißem Öl anrösten, abtropfen lassen und auf einem gefetteten Blech verteilen.
Auf jedes Brot eine Fleischscheibe leben, mit der Masse bestreichen und im Rohr etwa 20 Minuten überbacken. Auf einer Servierplatte anrichten und mit dem Bratensud des Fleisches begießen.
Statt der Kapern kann man auch Blattspinat oder Thunfisch verwenden.

لحمة عجل بالكبّار

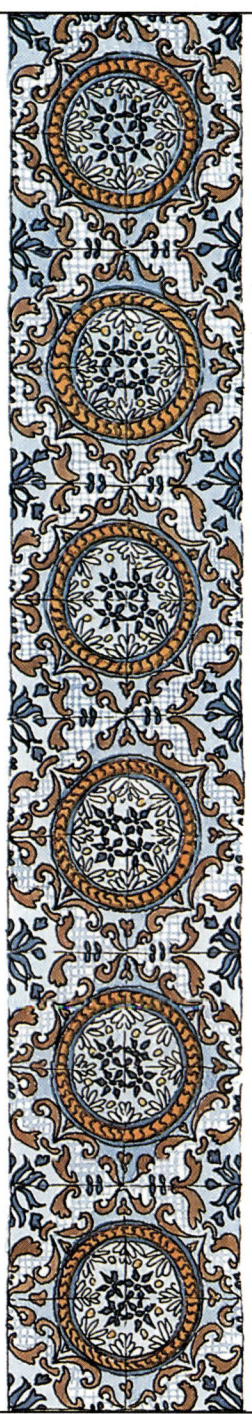

Kalbfleisch mit Knoblauch
m' thewma bil ajil

500 g Kalbfleisch
100 g Kichererbsen
6 Knoblauchzehen
1 große Zwiebel
2 Eßl. Pflanzenöl
2 Eßl. Essig
1 Eßl. Tomatenmark
1 Teel. Koriander
1 Teel. Harissa
1 Teel. milder Paprika
1/2 Teel. Salz
1/4 Teel. Pfeffer
Wasser

Kichererbsen über Nacht in Wasser einweichen.
Fleisch waschen und in kleine Stücke schneiden,
mit Koriander, Pfeffer und Salz würzen.
Die Zwiebel schälen, kleinhacken und zusammen mit dem
Fleisch in heißem Öl anbraten.
Tomatenmark, Harissa, Paprika und Kichererbsen dazurühren, mit Wasser bedecken und aufkochen. Bei schwacher
Hitze zugedeckt ca. 1 1/2 Stunden ziehen lassen. Von Zeit
zu Zeit umrühren und das verdampfte Wasser ersetzen.
Zum Schluß die Knoblauchzehen schälen, zerdrücken und
dazugeben. Mit Essig abschmecken und nochmals
15 Minuten ziehen lassen. Den Deckel abnehmen, damit
es ausdampfen kann.

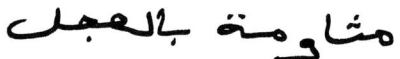

Kalbfleisch, gebraten
lahmet ajil mosli

1000 g Kalbfleisch
ohne Knochen
1000 g Kartoffeln
50 g Butter
8 Knoblauchzehen
1 Zitrone
4 Eßl. Wasser
1 Teel. Salz
1/2 Teel. Pfeffer

Backrohr auf Mittelhitze vorheizen. Fleisch waschen, Sehnen und Fett entfernen und mit Butter oder Lammschmalz einfetten, salzen und pfeffern. Mit einem Messer rundherum 8 mal einstechen und die geschälten Knoblauchzehen hineinstecken. Den Braten mit etwas Wasser in eine feuerfeste Auflaufform geben und ca. 40 Minuten im Rohr garen lassen. Dabei öfter wenden und mit Bratensaft begießen. Unterdessen Kartoffeln schälen, waschen und zum Fleisch legen. Weitere 20 Minuten braten, dabei gelegentlich mit Bratensaft übergießen. Fleisch herausnehmen, in Scheiben schneiden und auf einer Platte anrichten. Die Kartoffeln drum herum häufen, mit Zitronensaft beträufeln und Bratensoße darübergeben.

Gefüllter Hase
arnab mehschia

1 großer Hase
500 g Kartoffeln
200 g Leber und Herz
100 g Reis
100 g Gouda
50 g gesalzene Butter
6 Eier
1 Zitrone
1 Bund Petersilie
2 Eßl. Öl
1 Teel. Salz
1/2 Teel. Harissa
1 Messerspitze Safran

Den Reis ca. 15 Minuten in Salzwasser kochen, in einem Sieb abtropfen lassen. Den bratfertigen Hasen mit kaltem Wasser gut waschen, abtrocknen, die Innereien herausnehmen und gemeinsam mit dem Herz und der Leber säubern und in kleine Stücke schneiden. Öl in einem Topf erhitzen. Inzwischen Petersilie waschen, in kleine Stücke schneiden und mit den Innereien, dem Herz und der Leber in das heiße Öl geben und unter ständigem Rühren ca. 10 Minuten anbraten lassen. Zum Abkühlen beiseite stellen. Käse reiben, zwei Eier hart kochen, würfeln. Alle Zutaten vermischen, mit Salz und Pfeffer würzen und in den Hasen füllen. Kartoffeln schälen, waschen und in ca. 5 cm dicke Stücke schneiden. Den Hasen in den vorbereiteten Brattopf legen, die Kartoffeln rundherum häufen, Safran und den Saft der Zitrone in einem Glas Wasser verrühren und über den Hasen gießen. Die Butter über den Hasen und die Kartoffeln verteilen. Ca. 1 Stunde im Backofen backen lassen. Von Zeit zu Zeit mit der Soße begießen. Noch warm servieren.

ارنب محشية

Wo gestern noch Pferde, Kühe, Schafe und Ziegen zum Verkauf angeboten wurden, standen heute Buden mit Töpfen, Geschirr, Kleidern, Schuhen, Gewürzen und vielem mehr; lagen Gemüse, Obst, Tongefäße und Teppiche ausgebreitet im Staub.

„Kauf mir bitte ein neues Kleid" bat ich meine Jidda. Und die, die am Tage zuvor noch mit jedem Pfennig geknausert hatte, erfüllte mir überraschend diesen kostspieligen Wunsch. Nur anziehen durfte ich es noch nicht. Denn dann hätte Großmutter – nach meinem Aussehen als wohlhabend eingeschätzt – schlechter beim Handeln abgeschnitten und weit mehr bezahlen müssen.

So vielseitig das nun vor uns liegende Angebot an unterschiedlichsten Gemüsearten war, so vielseitig sind auch die Möglichkeiten der Zubereitung. Die jetzt folgenden Rezepte sind nur eine ganz kleine Auswahl.

Tomatensoße
salsa tmatem

250 g Tomaten
200 g milde Peperoni
2 Knoblauchzehen
1 Zwiebel
2 Eßl. Olivenöl
1/2 Teel. Harissa
1/2 Teel. milder Paprika
1/2 Teel. Koriander
1/2 Teel. Salz
1/4 Liter Wasser

Die Zwiebel schälen und kleinhacken. Tomaten und Peperoni waschen, entkernen und zerkleinern. Knoblauch schälen, zerdrücken und mit Salz vermischen. Olivenöl in einer Pfanne erhitzen. Zwiebelwürfelchen und Knoblauch dazugeben und kurz glasig dünsten. Harissa, Paprika und Koriander mit Wasser verrühren, Tomaten und Peperoni daruntermischen und auf kleiner Flamme langsam kochen. Hin und wieder umrühren, bis alles verkocht und eine sämige Soße entstanden ist.

صلصة طماطم

Auberginen mit Tomatensoße
betenjen bit' tmatem

500 g Auberginen
4 Eßl. Pflanzenöl
1/4 Teel. Salz

Soße:
2 kleine Zwiebeln
2 Knoblauchzehen
2 Eßl. Essig
1 Eßl. Tomatenmark
1/2 Teel. Harissa
1/2 Teel. Koriander
1/4 Liter Wasser

Die Auberginen putzen, waschen, in dünne Scheiben schneiden und salzen. Öl erhitzen. Die Auberginenscheiben auf beiden Seiten goldbraun braten und abtropfen lassen. Zwiebeln und Knoblauch schälen, fein hacken und in demselben Öl glasig dünsten. Tomatenmark mit Wasser verdünnen, Harissa und Koriander darunterrühren, zu den Zwiebeln und dem Knoblauch geben und ca. 15 Minuten auf kleiner Flamme ziehen lassen. Die Auberginenscheiben dazugeben und nochmals 10 Minuten sämig werden lassen. Zum Schluß mit Essig abschmecken und zu gebratenem Fisch mit Baguette servieren.
Statt der Auberginen kann man auch die gleiche Menge Zucchini nehmen.

بتنجان بالطماطم

Kürbisgemüse
tbicha kraâ

500 g Kürbis
100 g getrocknete,
weiße Bohnen
50 g getrocknete
Kichererbsen
1 große Zwiebel
2 Eßl. Olivenöl
1 Eßl. Tomatenmark
1 Teel. milder Paprika
1/2 Teel. Harissa
1/2 Liter Wasser

Weiße Bohnen und Kichererbsen über Nacht einweichen.
Die Haut von den Bohnen entfernen. Zwiebel schälen,
kleinhacken und in Olivenöl glasig dünsten. Tomatenmark,
Harissa, Paprika und Salz in 1/4 Liter kaltem Wasser
verrühren, dazugießen und 5 Minuten aufwallen lassen.
Bohnen und Kichererbsen mit 1/4 Liter Wasser nachfüllen
und etwa 45 Minuten kochen. Von Zeit zu Zeit umrühren
und das verdampfte Wasser ersetzen. Inzwischen den
Kürbis schälen, in große Stücke teilen und zum Schluß
dazugeben. Nochmals etwa 15 Minuten garen.

طبيخة قرع

Gemischtes Gemüse, gebraten
chodra meklia

350 g Tomaten
250 g milde Peperoni
100 g scharfe Peperoni
4 Knoblauchzehen
4 Eier
2 Eßl. Pflanzenöl
1 Teel. Kreuzkümmel
1 Teel. Salz
1/4 Teel. Pfeffer

Tomaten und Peperoni waschen, entkernen,
zerkleinern und ca. 10 Minuten unter ständigem Wenden
in heißem Öl anbraten.
Knoblauchzehen und Kreuzkümmel zerdrücken,
mit Salz und Pfeffer mischen und zum Gemüse geben.
Auf einer Servierplatte anrichten und mit Spiegeleiern
garnieren.
Mit heißem Öl übergießen.

خضرة مقلية

Paniertes Gemüse
ftayer fundek el galla

250 g Tomaten	Blumenkohl waschen und putzen. Tomaten und Auberginen
125 g Mehl	waschen und entkernen. Zucchini waschen, schälen und
25 g Parmesan	entkernen. Artischocken putzen, waschen, das Herz her-
4 Eier	ausnehmen und mit Zitronensaft beträufeln, damit sie sich
3 Artischocken	nicht verfärben. Alles in mittelgroße Stücke bzw. Scheiben
2 Bund Petersilie	schneiden, pfeffern, salzen und etwas Zitronensaft dar-
1 Blumenkohl	übergeben. In einer Schüssel mit dem Olivenöl gut durch-
1 Aubergine	mengen und ungefähr 60 Minuten ziehen lassen. Eier
1 Zucchini	verquirlen. Das Mehl mit Parmesan mischen. Gemüse-
1 Zitrone	stücke einzeln zuerst in Ei, dann in der Mehl-Käsepanade
4 Eßl. Pflanzenöl	wenden und in heißem Pflanzenöl goldbraun braten. Auf
3 Eßl. Olivenöl	flachen Tellern portionieren.
1 Teel. Salz	Petersilie waschen, hacken und über das Gemüse streuen.
1/2 Teel. Pfeffer	Mit Tomatensoße servieren.

فطاير فندق الغلّة

Gebackene, panierte Artischocken mit Soße
gennaria m' keffna

250 g Kalbshackfleisch
8 Artischocken
2 Eier
1 Zitrone
1 Bund Petersilie
1/2 Teel. Salz
1/4 Teel. Pfeffer
Mehl
Fritieröl

Soße:
1 Zwiebel
2 Eßl. Pflanzenöl
1 Eßl. Tomatenmark
1 Teel. milder Paprika
1/2 Teel. Harissa
1/4 Liter Wasser

Artischocken putzen, Herz entfernen, mit Zitronensaft einreiben und ca. 10 Minuten in Salzwasser kochen. Petersilie waschen und kleinhacken. Kalbshackfleisch pfeffern, salzen, mit einem darübergeschlagenen Ei und der Petersilie zusammenkneten. Damit die Artischocken füllen, in einem aufgeschlagenen Ei und Mehl wenden, in heißem Öl fritieren und auf Küchenpapier abtropfen lassen. In einer hohen Pfanne Öl erhitzen. Zwiebel schälen, fein hacken und ca. 5 Minuten im Öl andünsten. Tomatenmark, Harissa und Paprika in kaltem Wasser anrühren, dazugeben und etwa 30 Minuten kochen. Artischocken stehend in die Soße setzen und nochmals 10 Minuten zugedeckt ziehen lassen.

قنرية مكفنة

Gefüllte Artischocken
gennaria mehschia

12 große Artischocken
1 Zitrone

Fülle:
250 g Rinderhackfleisch
50 g Parmesan
3 Eier
1 Bund Petersilie
1 Teel. milder Paprika
1/2 Teel. Salz
1/2 Teel. Pfeffer
1/2 Teel. Harissa
1/2 Teel. Koriander

Soße:
1 Zwiebel
2 Eßl. Olivenöl
1 Eßl. Tomatenmark
1 Teel. Harissa
1 Teel. milder Paprika
1/2 Teel. Pfeffer
1/4 Teel. Salz
1/4 Liter Wasser

Artischocken putzen, Herz entfernen, mit Zitronensaft einreiben und ca. 10 Minuten in Salzwasser blanchieren. Petersilie waschen und fein hacken. Ein hartgekochtes Ei abkühlen lassen, schälen und in kleine Würfel schneiden. Beides zusammen mit den restlichen 2 Eiern, dem Käse, Pfeffer, Salz, Harissa, Paprika und Koriander unter das Hackfleisch kneten. Die Artischocken damit füllen. Inzwischen in einer tiefen Pfanne Öl erhitzen und die geschälten und kleingeschnittenen Zwiebeln darin andünsten. Tomatenmark, Harissa, Paprika, Pfeffer und Salz in kaltem Wasser anrühren und dazugeben. Alles ca. 5 Minuten aufwallen lassen. Die gefüllten Artischocken werden aufgerichtet in die Soße gesetzt und ca. 45 Minuten bei 200 Grad in der Röhre gegart. Von Zeit zu Zeit mit der Soße begießen.

Gefüllte Zucchini
kraâ boutazina mehschi

500 g Zucchini

Fülle:
250 g Rinderhack
50 g Parmesan
3 Eier
1 Bund Petersilie
1 Teel. Salz
1 Teel. milder Paprika
1/2 Teel. Harissa
1/2 Teel. Pfeffer
1/2 Teel. Koriander

Soße:
1 Zwiebel
2 Eßl. Olivenöl
1 Eßl. Tomatenmark
1 1/2 Teel. Harissa
1 Teel. milder Paprika
1/2 Teel. Salz
1/2 Teel. Pfeffer
1/4 Liter Wasser

Petersilie waschen und fein hacken. Ein hartgekochtes Ei in kleine Würfel schneiden. Parmesan reiben, mit der Petersilie, den Eiwürfeln und den restlichen beiden rohen Eiern zum Hackfleisch geben. Pfeffer, Salz, Harissa, Paprika und Koriander untermengen und gut durchkneten. Die Zucchini der Länge nach halbieren, entkernen und mit der Masse füllen. Für die Soße Zwiebel schälen, kleinhacken und in heißem Öl dünsten. In kaltem Wasser Tomatenmark, Harissa, Paprika, Pfeffer und Salz anrühren und damit aufgießen. Kurz aufkochen und die Zucchini darin einschichten. Das Ganze in die Röhre geben und bei 200 Grad etwa 55 Minuten braten. Immer wieder mit dem Bratenfond begießen.

قرع بوطازينة محشي

Gefüllter Fenchel
bisbäs mehschi

6 Fenchelknollen

Fülle:
150 g Rinderhackfleisch
4 Eier
3 Knoblauchzehen
1 Bund Petersilie
2 Eßl. Olivenöl
1/2 Teel. Salz
1/4 Teel. Pfeffer
1/4 Teel. Zimt

Knoblauch schälen, Petersilie waschen, beides fein hacken, unter das Hackfleisch kneten und mit Salz, Pfeffer und Zimt würzen. Olivenöl erhitzen, die Fleischmasse unter ständigem Rühren ca. 15 Minuten darin rundum dünsten und anschließend abkühlen lassen. Zwei kühle, hartgekochte Eier schälen, in kleine Würfel schneiden und zusammen mit 2 rohen Eiern unter die Fleischmasse kneten. Fenchelknollen waschen, putzen, in Salzwasser kurz blanchieren und der Länge nach halbieren.
Das Herz herausschneiden und mit der Fleischpaste füllen.
Im vorgeheizten Rohr etwa 30 Minuten bei 220 Grad braten.
Heiß mit Tomatensoße und Baguette servieren.

Gefüllte Peperoni
felfel mehschi

750 g milde Peperoni
Pflanzenöl

Fülle:
300 g Rinderhackfleisch
50 g Semmelbrösel
4 Eier
1 Zwiebel
1 Bund Petersilie
2 Eßl. Pflanzenöl
1 Teel. Koriander
1 Teel. milder Paprika
1 Teel. Harissa
1/2 Teel. Salz
1/4 Teel. Pfeffer

Zwiebel schälen, Petersilie waschen, beides fein hacken und unter das Hackfleisch mengen.
Mit Pfeffer, Salz, Koriander, Paprika und Harissa würzen und gut zusammenkneten. Pflanzenöl erhitzen und die Fleischmasse unter ständigem Umrühren ca. 15 Minuten andünsten und auskühlen lassen.
Inzwischen Eier verquirlen und mit den Bröseln unter die erkaltete Masse rühren.
Peperoni waschen, den Strunk mitsamt dem Kerngehäuse von oben herausschneiden und die so entstandene Höhlung mit der Fleischpaste füllen.
Pflanzenöl erhitzen und die gefüllten Peperoni unter ständigem, vorsichtigem Wenden von allen Seiten gleichmäßig langsam anbraten.

Gebratenes Gemüse
keftaji

300 g Kartoffeln
300 g Kürbis
250 g Jungrindfleisch
ohne Knochen
250 g milde Peperoni
200 g Tomaten
100 g scharfe Peperoni
4 Eier
2 Knoblauchzehen
1 Zitrone
1 Bund Petersilie
2 Eßl. Pflanzenöl
1 Teel. getrocknete
Pfefferminzblätter
1 Teel. Salz
1/2 Teel. Pfeffer
1/2 Teel. milder Paprika

Das Fleisch waschen und in kleine Stücke teilen.
Knoblauchzehen zerdrücken und die Pfefferminzblätter
zerstoßen. Beides mit Paprika und Pfeffer vermischen
und damit die Fleischstücke einreiben.
Kartoffeln schälen, waschen und in dünne Scheiben
schneiden. Kürbis schälen und würfeln.
Tomaten waschen, halbieren und entkernen.
Peperoni waschen, der Länge nach einschneiden und
innen salzen. Öl erhitzen. Alle Zutaten etwas salzen,
pfeffern und einzeln nacheinander in Öl anbraten.
Alles auf flachen Tellern anrichten und mit einem Spiegelei
garnieren. Petersilie waschen, fein hacken und damit das
Gericht bestreuen. Mit Zitronenscheiben garnieren
und heiß mit Tomatensoße servieren.
Alle Zutaten können auch in einer Art Eintopf zusammen
angebraten und mit Tomatensoße weichgekocht werden.
In diesem Fall werden die Eier spiegeleierähnlich über das
Gemüse geschlagen und zugedeckt gegart.

Wie kann man einen Auflauf machen, wenn es weit und breit keinen Backofen und keine Backröhre gibt? Ganz einfach. Man stellt einen großen Topf in einen noch größeren Haufen glühender Kohlen. Gibt in den Topf die Auflaufmasse und legt den Topfdeckel umgedreht drauf. Dann häuft man wiederum glühende Kohlen auf den Deckel.

So haben schon die Großmütter unserer Großmütter das „Backproblem" genial gelöst.

Über das, was sie in diesen Töpfen gebacken haben, berichte ich in diesem Kapitel. Es sind Auflaufrezepte, die aus allen Teilen unseres Landes stammen und die zum Teil aus uralter Zeit überliefert wurden.

Kartoffelauflauf
maâkuda batata

500 g Kartoffeln
8 Eier
2 Bund Petersilie
1 Zwiebel
6 Eßl. Pflanzenöl
1/2 Teel. milder Paprika
1/2 Teel. Salz
1/4 Teel. Pfeffer

Kartoffeln in Salzwasser weich kochen, schälen und pürieren. Zwiebel schälen, fein hacken und in etwas Öl glasig dünsten. Abkühlen lassen. Petersilie waschen und kleinschneiden. Die Eier mit Salz, Pfeffer, Paprika, Petersilie und Zwiebeln verquirlen. Alles zusammen mit dem Kartoffelpüree gut vermischen. In eine gefettete Kuchenform füllen und ca. 30 Minuten bei 200 Grad in der Röhre fest werden lassen. Auf eine Platte stürzen, wie eine Torte aufteilen und noch warm als Vorspeise servieren.
Als Verfeinerung kann auch eine Dose Thunfisch unter die Kartoffeln gemischt werden.

معقودة بطاطة

Brotauflauf
tajin blankit

500 g Lammfleisch
ohne Knochen
100 g weiße Bohnen
50 g Parmesan
30 g Butter
6 Eier
1 Baguette bzw. Weißbrot
3 Eßl. Pflanzenöl
1/2 Teel. Salz
1/2 Teel. Pfeffer
1 Messerspitze Safran
1/2 Liter Wasser

Weiße Bohnen über Nacht in Wasser einweichen, Fleisch waschen, in kleine Stücke schneiden, salzen, pfeffern und in heißem Öl anbraten.
Bohnen und Wasser dazugeben und ca. 45 Minuten garen. Danach abkühlen lassen.
Inzwischen Baguette in ca. 1 cm dicke Scheiben schneiden und im restlichen Öl von beiden Seiten goldbraun anbraten. Herausnehmen und abtropfen lassen.
Parmesan reiben, mit Safran, Salz, Pfeffer und der Hälfte der Butter unter die Eier schlagen und mit dem Fleisch gut verrühren. Eine Auflaufform mit einem Teil der Butter einfetten, den Boden mit Baguettescheiben belegen und mit einem Teil der Masse bestreichen.
In dieser Weise die Zutaten einschichten und mit der Masse abschließen.
Im vorgewärmten Rohr (200 Grad) ca. 40 Minuten backen.

طاجين بلنكيط

Petersilienauflauf
tajin maâdnus

350 g Lammfleisch
ohne Knochen
50 g getrocknete
weiße Bohnen
50 g Parmesan
30 g Lammschmalz
8 Eier
1 Zwiebel
1 Bund Petersilie
3 Eßl. Olivenöl
1 Eßl. Tomatenmark
1 Teel. Paprika
1/4 Teel. Pfeffer
1/4 Liter Wasser

Bohnen über Nacht in Wasser einweichen. Fleisch säubern und in kleine Würfel schneiden. Salzen und pfeffern. Zwiebel schälen und fein hacken. Die Hälfte des Öls erhitzen, Fleisch und Zwiebeln ca. 10 Minuten anbraten. Bohnen, Tomaten, Paprika und Wasser dazugeben und zugedeckt ca. 40 Minuten bei schwacher Hitze kochen. Die verdampfte Flüssigkeit von Zeit zu Zeit ersetzen. Inzwischen Petersilie waschen und fein hacken. Den Käse reiben. Die 8 Eier mit Petersilie, Käse, Salz, Pfeffer und Schmalz gut verquirlen. Eine feuerfeste Auflaufform mit dem restlichen Öl bestreichen, Bohnen, Fleisch und alle Zutaten gemeinsam einfüllen und bei 200 Grad ca. 45 Minuten backen.

Hirnauflauf
tajin moch

300 g Lammfleisch	Bohnen über Nacht in Wasser einweichen, Fleisch waschen, in Würfel schneiden und mit Pfeffer und Salz würzen. Zwiebel schälen und fein hacken. Einen Teil des Öls erhitzen, Fleisch und Zwiebeln kurz anbraten. Tomatenmark in kaltem Wasser kurz anrühren und mit den Bohnen zum Fleisch geben.
100 g weiße Bohnen	
50 g Gouda	
50 g Gruyere	
50 g Parmesan	
50 g Semmelbrösel	
8 Eier	Etwa 40 Minuten garen, danach abkühlen lassen.
3 mittelgroße Kartoffeln	Hirn ca. 30 Minuten in kaltes Wasser legen und von Sehnen und Adern befreien. Zehn Minuten kochen und in kleine Würfel schneiden.
1 Zwiebel	
1 Lammhirn	
3 Eßl. Pflanzenöl	Die Kartoffeln waschen und weich kochen.
1 Eßl. Tomatenmark	Drei Eier hart kochen und alles in kleine Würfel teilen. Gouda und Gruyere zerkleinern und Parmesan reiben.
1 Teel. Salz	
1/4 Teel. Pfeffer	Die restlichen fünf Eier mit den Semmelbröseln und Parmesan verquirlen und alle Zutaten gut miteinander vermischen. In einer gefetteten Auflaufform ca. 45 Minuten bei 200 Grad backen.
1/4 Liter Wasser	

Käseauflauf
tajin jbin

350 g Lammfleisch
ohne Knochen
200 g Gruyere
100 g getrocknete Bohnen
50 g Parmesan
50 g Semmelbrösel
8 Eier
1 Zwiebel
3 Eßl. Pflanzenöl
1 Teel. Tomatenmark
1 Teel. milder Paprika
1/2 Teel. Salz
1/4 Teel. Pfeffer
1/4 Liter Wasser

Bohnen über Nacht einweichen. Fleisch säubern, in kleine Würfel schneiden, salzen und pfeffern. Zwiebel schälen und fein hacken. Einen Teil des Öls erhitzen, Fleischwürfel und Zwiebeln darin anbraten. Bohnen, Tomatenmark und Paprika dazugeben, mit Wasser aufgießen und etwa 45 Minuten dünsten. Wenn das Wasser verdampft ist, zur Seite stellen und abkühlen lassen. Inzwischen den Käse würfeln, Parmesan reiben, Eier aufschlagen und mit dem Parmesan und den Semmelbröseln gut verquirlen.
Eine Auflaufform mit dem restlichen Öl einfetten, dann alle Zutaten gut vermengen und in die Form geben. Käsewürfel darüberstreuen und bei 200 Grad ca. 20 Minuten goldbraun überbacken.
Dazu gibt es Tomatensoße und Baguette.

طاجين جبن

Rühreiauflauf
tajin ijja

300 g Kalbfleisch
ohne Knochen
150 g Gruyere
100 g Semmelbrösel
10 Eier
1 Zwiebel
3 Eßl. Pflanzenöl
1 Eßl. Tomatenmark
1/2 Teel. Salz
1/4 Teel. Pfeffer
1/4 Liter Wasser

Das Kalbfleisch waschen, kleinschneiden, salzen und
pfeffern. Zwiebel schälen, in kleine Würfel schneiden und
mit dem Fleisch gemeinsam kurz in heißem Öl andünsten.
Tomatenmark in Wasser auflösen, zum Fleisch geben und
etwa 30 Minuten garen lassen, dann abkühlen.
Sechs Spiegeleier ganz fest braten und kleinschneiden.
Den Gruyere würfeln, vier Eier aufschlagen
und mit Semmelbröseln, Salz und Pfeffer gut verquirlen.
Alle Zutaten zusammenmischen und in eine gefettete
Auflaufform geben.
Bei 200 Grad etwa 30 Minuten in der Röhre backen.
Mit Baguette und Tomatensoße servieren.

طاجين عجّة

Salatauflauf
tajin slata

300 g Kalbfleisch
ohne Knochen
250 g milde Peperoni
100 g Gruyere
100 g Semmelbrösel
50 g Kapern
8 Eier
4 kleine Zwiebeln
3 Tomaten
1 Zitrone
1 Teel. Tomatenmark
1 Teel. milder Paprika
1 Teel. Koriander
1/2 Teel. Salz
1/4 Teel. Pfeffer
1/4 Liter Wasser

Fleisch waschen, in Würfel schneiden, salzen und pfeffern.
Eine Zwiebel schälen, fein hacken und in heißem Öl mit
dem Fleisch zusammen kurz scharf anbraten.
Tomatenmark, Paprika, Koriander und Kapern
in kaltem Wasser verrühren und dazugeben.
Etwa 30 Minuten schwach kochen und abkühlen lassen.
Inzwischen die anderen Zwiebeln ungeschält und im
Ganzen mit den Tomaten und Peperoni ohne Fett von allen
Seiten anbräunen. Dann die Häute abziehen.
Tomaten und Peperoni halbieren, entkernen und alles
in grobe Würfel schneiden.
Zitrone etwas wässern und zerkleinern.
Gruyere ebenfalls würfeln.
Eier mit Semmelbröseln verquirlen.
Alle Zutaten gut miteinander vermischen und in eine
gefettete Auflaufform geben.
Bei 200 Grad ca. 30 Minuten überbacken.

طاجين سلاطة

Auberginenauflauf
tajin betenjen

500 g Auberginen
350 g Kalbfleisch
ohne Knochen
100 g weiße Bohnen
100 g Semmelbrösel
50 g Parmesan
30 g Lammschmalz
8 Eier
1 Zwiebel
3 Eßl. Olivenöl
1 Eßl. Tomatenmark
1 Teel. milder Paprika
1/2 Teel. Salz
1/2 Teel. Pfeffer
1/4 Liter Wasser

Bohnen über Nacht in Wasser einweichen.
Zwiebel schälen und fein hacken.
Fleisch waschen, in Würfel schneiden, salzen und pfeffern.
Die Hälfte des Öls heiß werden lassen und darin Fleisch
und Zwiebeln andünsten.
Tomatenmark und Paprika in kaltem Wasser anrühren
und mit den Bohnen zum Fleisch geben. Etwa 40 Minuten
kochen, dann vom Herd nehmen und abkühlen lassen.
Inzwischen die Auberginen waschen, vierteln,
entkernen, mit Salz und Pfeffer würzen und im restlichen
Öl goldbraun braten. Herausnehmen und abtropfen lassen.
Auberginen und Gruyere in kleine Würfel schneiden.
Parmesan reiben. Eier mit Semmelbröseln, Lammschmalz
und Parmesan verquirlen und alle Zutaten vermischen.
Bei 200 Grad ca. 40 Minuten backen.
Aus der Form stürzen und in Scheiben schneiden.

طاجين بتنجان

Gemüseauflauf mit Leber
tajin keftaji

900 g Kalbfleisch
ohne Knochen
200 g Tomaten
200 g milde Peperoni
200 g Kürbis
200 g Kartoffeln
150 g Leber
100 g Gruyere
50 g Semmelbrösel
50 g Parmesan
10 Eier
1 Zwiebel
6 Eßl. Pflanzenöl
1 Eßl. Tomatenmark
1 Teel. Koriander
1/2 Teel. Salz
1/4 Teel. Pfeffer
1/4 Liter Wasser

Fleisch waschen, in kleine Würfel schneiden, salzen und pfeffern. Zwiebel schälen, kleinhacken und in etwas heißem Öl mit dem Fleisch zusammen kurz anbraten. Tomatenmark und Koriander mit Wasser anrühren und aufgießen.
Etwa 30 Minuten kochen und danach abkühlen lassen. Tomaten und Peperoni waschen, halbieren und entkernen. Kürbis und Kartoffeln schälen, waschen und alles in Scheiben schneiden. Leber säubern und zerkleinern. Zwei Spiegeleier ziemlich fest braten und in Streifen schneiden. Zuerst die Leberstücke, dann die Gemüse-scheiben anbraten, aus dem Öl nehmen und abtropfen lassen. Gruyere in Würfel schneiden, Parmesan reiben. Acht Eier mit dem Parmesan und den Semmelbröseln verquirlen. Alle Zutaten miteinander vermischen und in eine gefettete Auflaufform geben.
Bei 220 Grad ca. 40 Minuten in der Röhre backen.

طاجين كفتاجي

Feuertopfauflauf
tajin schakschouka

schakschouka:
(Feuertopfmasse)
300 g Tomaten
250 g Zwiebeln
200 g milde Peperoni
100 g scharfe Peperoni
100 g getrocknete
Lammwürstchen
100 g getrocknetes
Lammfleisch
2 Eßl. Pflanzenöl
1 Teel. Lammschmalz
1 Teel. Harissa
1 Teel. milder Paprika
1/4 Liter Wasser

Auflauf:
300 g Kalbfleisch
100 g Semmelbrösel
100 g Gruyere
8 Eier
1 Zwiebel
2 Eßl. Pflanzenöl
1 Eßl. Tomatenmark
1 Teel. Salz
1/4 Teel. Pfeffer
1/4 Liter Wasser

Zwiebeln schälen, 4 – 5 mal teilen und kurz in heißem Öl anbraten. Tomaten waschen, würfeln und dazugeben. Würstchen und Fleisch in kleine Scheiben schneiden und ebenfalls mit anbraten.
Schmalz, Wasser, Harissa und Paprika gut vermischen, dazurühren und etwa 35 Minuten auf mittlerer Hitze kochen. Das verdampfte Wasser von Zeit zu Zeit ersetzen. Peperoni waschen und in Scheiben schneiden.
Wenn das Fleisch weich ist, dazugeben und nochmals 10 Minuten kochen. Kalbfleisch würfeln, salzen und pfeffern.
Zwiebel schälen, fein hacken und beides in heißem Öl kurz anbraten. Mit Wasser und Tomatenmark aufgießen, garen und abkühlen lassen.
Gruyere in kleine Stücke schneiden, mit den Semmelbröseln und den Eiern verrühren und zum Fleisch geben. Alles zusammenmischen und in eine gefettete, feuerfeste Form schichten.
Bei 200 Grad ca. 30 Minuten überbacken und wie alle Aufläufe servieren.
Statt Lammwürstchen kann man auch andere Würstchen verwenden.

طاجين شكشوكة

Fleischklößchenauflauf
tajin bnadek

350 g Hackfleisch
150 g Gruyere
150 g getrocknetes Weißbrot
8 Eier
8 Eßl. Olivenöl
1 Teel. Harissa
1 Teel. Koriander
1/2 Teel. Salz
1/4 Teel. Pfeffer
getrocknete
Pfefferminzblätter

Soviel der getrockneten Pfefferminzblätter in einem Mörser zerstoßen, daß es einen Eßlöffel Pfefferminzpulver ergibt. Dieses Pulver mit dem Fleisch, Koriander, Salz und Pfeffer verrühren und zu kleinen Klößchen formen.
Die Klößchen werden dann mit der Hälfte des Öls in einem Topf kurz angebraten.
Anschließend etwa 1/4 Liter Wasser und das Harissa dazugeben und bei schwacher Hitze ca. 30 Minuten kochen lassen.
Inzwischen das Weißbrot reiben, den Käse in kleine Stücke schneiden und mit den Eiern, Salz und Pfeffer gut verrühren. Nachdem die Klößchen gar und abgekühlt sind, mit der so entstandenen Paste mischen und mit dem restlichen Öl in eine Form geben und bei 170 Grad ca. 25 Minuten backen.
Auf ein Tablett stürzen und mit einer in diesem Buch beschriebenen Soße und frischem Weißbrot servieren.

طاجين بنادق

Blumenkohlauflauf
tajin bruklu

500 g Rindfleisch
100 g weiße Bohnen
2 Eier
1 Blumenkohl
1 Zwiebel
8 Eßl. Pflanzenöl
1 Eßl. Tomatenmark
1 Teel. Harissa
1 Teel. milder Paprika
1/2 Teel. Salz
1/4 Teel. Pfeffer
Mehl
1 Liter Wasser

Weiße Bohnen über Nacht in Wasser einweichen.
Fleisch waschen, in kleine Würfel schneiden, pfeffern
und salzen. Zwiebel schälen, kleinhacken und mit dem
Fleisch zusammen in 4 Eßl. heißem Öl kurz anbraten.
Tomatenmark, Harissa und Paprika vermischen und mit
den Bohnen gemeinsam zum Fleisch geben.
Mit Wasser aufgießen und ca. 50 Minuten garen lassen.
Von Zeit zu Zeit umrühren und verdampftes Wasser
ersetzen.
Inzwischen den Blumenkohl putzen, waschen und im
ganzen ca. 10 Minuten in Salzwasser vorblanchieren,
abtropfen lassen und in kleine Röschen teilen.
Eier verquirlen. Die Blumenkohlstückchen in die
Eimasse tauchen, in Mehl wenden und in dem restlichen
Öl goldbraun fritieren.
In den Auflauf geben und weitere 15 Minuten ziehen lassen.

طاجين بروكلو

Nudelauflauf
maqrona m'hammra

500 g Rindfleisch ohne Knochen	Bohnen über Nacht in Wasser einweichen.
500 g Nudeln	Fleisch waschen, klein würfeln, salzen und pfeffern.
100 g weiße Bohnen	Zwiebel schälen, fein hacken und in heißem Öl mit dem Fleisch kurz anbraten.
75 g Gruyere	Bohnen mit dem Wasser vermengen und ca. 45 Minuten gar kochen. Die verdampfte Flüssigkeit von Zeit zu Zeit ersetzen. Dann abkühlen lassen.
50 g Parmesan	
8 Eier	
1 Zwiebel	Inzwischen die Nudeln in Salzwasser 10 Minuten kochen und abgießen. Parmesan reiben und mit Safran, Butter oder Schmalz unter die Nudeln ziehen.
8 Eßl. Pflanzenöl	
1 Eßl. Butter oder Rinderschmalz	Gruyere in Würfel schneiden.
1 Teel. Salz	Drei Eier hart kochen, schälen und ebenfalls würfeln.
1/2 Teel. Pfeffer	Fünf Eier aufschlagen, verquirlen und mit dem Fleisch und allen Zutaten unter die Nudeln heben.
1 Messerspitze Safran	Eine feuerfeste Form mit Butter einreiben,
1/4 Liter Wasser	die Nudelmasse einfüllen und bei 180 Grad im vorgeheizten Rohr auf Mittelhitze ca. 35 Minuten zusammen backen lassen.

Auf einen Servierteller stürzen und in Stücke portionieren.

Brikauflauf
tajin malsuka

300 g Rindfleisch
80 g Gruyere
50 g Bohnen
12 Malsukablätter
8 Eier
2 Kartoffeln
1 kleine Zwiebel
8 Eßl. Pflanzenöl
3 Eßl. Öl für die Blätter
2 Eßl. Butter
2 Eßl. Parmesan
2 Eßl. Semmelbrösel
1 Teel. Salz
1/2 Teel. Pfeffer
1/2 Teel. Zimt
1 Messerspitze Safran

Bohnen über Nacht einweichen. Fleisch in kleine Würfel schneiden und mit Salz und Pfeffer würzen. Zwiebel schälen und fein hacken. Öl erhitzen, beides ca. 10 Minuten leicht anbraten, Bohnen dazugeben und mit Wasser bedecken. Etwa 40 Minuten auf minimaler Hitze garen und die verdampfte Flüssigkeit von Zeit zu Zeit auffüllen. Zur Seite stellen und abkühlen lassen. Inzwischen die Kartoffeln in Salzwasser weich kochen, schälen und würfeln. 2 Eier hartkochen und zusammen mit dem Gruyere würfeln. Die restlichen Eier mit geriebenem Parmesan, Semmelbröseln, Zimt, Safran und Kartoffel-, Käse-, Eierwürfeln unter die Fleisch- Bohnenmasse mengen. Malsukablätter fertig mit Öl bestreichen. Eine Auflaufform mit Butter einfetten und den Backofen auf 200 Grad vorheizen. Vier Blätter in die Form legen, die Hälfte der Masse darauf verteilen, wieder 4 Blätter auflegen, den Rest der Masse einfüllen, mit 4 Blättern abschließen und das oberste Malsukablatt mit Eigelb bestreichen, damit es eine gold-gelbe Farbe bekommt. Ins Rohr stellen und ca. 25 Minuten überbacken und servieren.

طاجيني ملسوقة

Taschengeld gibt's bei uns nicht. Weder für Frauen noch für Kinder. Damit wir trotzdem über ein paar Dinar verfügen konnten, hat uns unser Vater bei der jährlichen Olivenernte stets einen Baum überlassen, von dem wir die Früchte selbst pflücken und verkaufen durften.

Meine älteren Schwestern haben immer einen Teil der von mir mühevoll geernteten Oliven heimlich in ihre eigenen Körbe umgefüllt und sich dann halb tot gelacht, wenn ich weinend zu meiner Großmutter gelaufen bin. Um mich zu trösten, hat sie mir drei ihrer Küken geschenkt, die ich unter ihrer Obhut aufziehen durfte. Einen Teil der Eier habe ich dann verkauft. Vom Rest hat mir meine Jidda ganz köstliche Gerichte gekocht, die ich Ihnen gerne vorstellen möchte.

Das folgende Kapitel handelt darum von Eierspeisen und Geflügelgerichten.

Hähnchen mit Kartoffeln, gebacken
djaja fil kuscha bil batata

1 Hähnchen
500 g Kartoffeln
6 Eßl. Pflanzenöl
1 Eßl. Rinderschmalz
1 Teel. Salz
1/2 Teel. Pfeffer
1 Messerspitze Safran
1 Liter Wasser

Hähnchen innen und außen mit kaltem Wasser waschen, mit Salz, Pfeffer und Safran einreiben.
Mit der Hälfte des Schmalzes innen einreiben.
Flügel und Schenkel mit einem Bindfaden festbinden.
Kartoffeln schälen, waschen, in ca. 3 cm dicke Scheiben schneiden und in eine feuerfeste Form schichten.
Das Hähnchen darauflegen und mit Öl bestreichen.
Mit Wasser auffüllen, bis die Kartoffeln bedeckt sind.
Den Rest Schmalz in kleinen Flöckchen darüber verteilen.
Das Ganze in die auf 220 Grad vorgeheizte Röhre schieben und nach 15 Minuten auf 200 Grad zurückschalten.
Von Zeit zu Zeit die Bratensoße über das Hähnchen löffeln.
Wenn nach etwa 50 Minuten das Hähnchen schön braun gebacken und das Wasser verdampft ist, aus dem Ofen nehmen, tranchieren und auf einer Servierplatte anrichten.
Die Kartoffeln rundherum schichten und mit Zitronenvierteln garnieren. Die Bratensoße separat servieren.

Gebratenes Hähnchen mit Suppe
djaja meklia maâ schorba

1 Hähnchen
500 g Kartoffeln
100 g Graupen
1 Bund Petersilie
1 Bund Sellerie
1 Zitrone
2 Eßl. Pflanzenöl
1 Eßl. Rinderschmalz
1 Teel. Salz
1/4 Teel. Pfeffer
2 Liter Wasser
einige Salatblätter

Hähnchen mit kaltem Wasser innen und außen waschen, in acht Teile schneiden, salzen und pfeffern. Petersilie und Sellerie waschen, fein hacken und mit den Hähnchenteilen in Wasser ca. 30 Minuten auf schwacher Hitze kochen. Das verdampfte Wasser von Zeit zu Zeit ersetzen.
Wenn die Hähnchenstücke weich sind, aus der Suppe nehmen und abtropfen lassen. Graupen in die Brühe geben und 20 Minuten ohne Deckel kochen.
Kartoffeln schälen, waschen, in dünne Scheiben schneiden. Öl erhitzen, zuerst die Hähnchenteile darin goldbraun braten, danach die Kartoffeln, nachdem sie mit Salz und Pfeffer gewürzt wurden.
Sobald die Suppe fertig ist, Schmalz unterrühren.
Die Hähnchen auf einer Servierplatte anrichten, die Kartoffeln rundherum legen und mit Zitronenvierteln und Salatblättern garnieren. Mit der Suppe servieren.

دجاجة مقلية مع شربة

Gefülltes Hähnchen
djaja mahschia

1 Hähnchen
200 g Rinderhackfleisch
100 g Gruyere
Hähncheninnereien
4 Eier
2 Kartoffeln
1 Zwiebel
1 Bund Petersilie
1 Eßl. Rinderschmalz
1 Teel. Salz
1/2 Teel. Pfeffer
1 Messerspitze Safran
1/4 Liter Wasser

Hähnchen innen und außen mit kaltem Wasser gründlich waschen. Mit Pfeffer, Salz und Safran einreiben. Innereien ebenfalls waschen und in kleine Stücke schneiden. Petersilie waschen, Zwiebel schälen, beides fein hacken und mit den Innereien unter das Hackfleisch kneten. Salzen, pfeffern, mit einem Glas Wasser übergießen und ca. 15 Minuten bei schwacher Hitze kochen. Kartoffeln schälen, waschen, in kleine Würfel schneiden und etwa 10 Minuten in Salzwasser kochen. Abtropfen und in heißem Fett bräunen, damit sie in der Fülle nicht zerfallen. Zwei Eier hart kochen, abkühlen lassen, schälen und in Würfel schneiden. Den Gruyere ebenfalls in Würfel schneiden, mit den Kartoffeln und zwei darübergeschlagenen rohen Eiern vorsichtig unter die Fleischmasse mengen. Die Würfel sollten dabei nicht zerbröckeln. Mit dieser Paste das Hähnchen füllen, mit einem Bindfaden umwickeln, Flügel und Schenkel festbinden und bei etwa 220 Grad 45 bis 60 Minuten braun braten. Zwischendurch immer wieder mit dem Bratenfett bepinseln.

دجاجة محشية

Gefüllte Tauben
h'mam mehschi

100 g Lamm- oder
Rinderschmalz
3 – 4 Eßl. Wasser
3 Tauben
1 Zitrone
1 Teel. Salz
1/2 Teel. Pfeffer
1 Messerspitze Safran
einige Salatblätter

Fülle:
250 g Rinderhack
50 g Parmesan
50 g Semmelbröscl
4 Eier
1 kleine Zwiebel
2 Eßl. Pflanzenöl

Tauben waschen, ausnehmen, innen und außen salzen und
pfeffern und ruhenlassen. Petersilie putzen, Zwiebel
schälen, beides fein hacken und mit dem Hackfleisch in
heißem Öl ca. 15 Minuten schmoren. Danach abkühlen
lassen. Inzwischen 2 Eier hart kochen und würfeln.
Parmesankäse reiben, mit den rohen Eiern, Semmelbröseln,
der Fleischmasse und den Eierwürfeln zu einem Teig
kneten und die Tauben damit füllen. Mit einem Faden
zunähen, mit Schmalz einreiben und in eine feuerfeste
Form geben und im Rohr bei ca. 200 Grad 45 Minuten
knusprig braten.
Von Zeit zu Zeit mit dem Bratensaft übergießen.
Die Tauben auf Salatblättern anrichten, Bratensaft
darübergeben, mit Zitronenvierteln garnieren und mit
Baguette servieren.

حمام محشي

Tauben mit Petersilie
h'mam bil maâdnus

2 Tauben
1 Zwiebel
1 Zitrone
1 Bund Petersilie
6 Eßl. Pflanzenöl
1/2 Teel. Salz
1/2 Teel. Pfeffer
1 Messerspitze Safran
1/4 Liter Wasser

Tauben waschen, säubern, in Stücke schneiden und mit Salz, Pfeffer und Safran einreiben. Öl erhitzen und die Taubenstücke schnell braun anbraten. Mit Wasser aufgießen und bei kleiner Flamme etwa 40 Minuten schwach kochen. Die Zwiebel schälen, Petersilie waschen und beides kleinhacken. Zitrone auspressen. Ist das Fleisch gar, in einer Servierterrine anrichten, den Zitronensaft darübergießen und mit Petersilie und Zwiebel bestreuen.

حمام بالمعدنوس

Gebratene Rebhühner mit Suppe
hjal mekli

2 Rebhühner
500 g Kartoffeln
100 g Nudeln
100 g Lammschmalz
oder Butter
2 Bund Petersilie
2 Bund Selleriekraut
1 Zitrone
1 Eßl. Butter
1 Teel. Salz
1/2 Teel. Pfeffer
1 Messerspitze Safran
1 Liter Wasser
einige Salatblätter

Rebhühner waschen, säubern, jeweils in vier Teile tranchieren und mit Salz und Pfeffer einreiben. Wasser zum Kochen bringen. Petersilie und Sellerie waschen, kleinhacken und mit den Geflügelteilen ins Wasser geben. Etwa 20 Minuten garen, das Fleisch herausnehmen und abtropfen lassen. Nudeln in die Brühe geben und weitere 20 Minuten kochen. Inzwischen in einer Pfanne Schmalz erhitzen und das Geflügel goldbraun braten, eventuell nochmals salzen und pfeffern. Kartoffeln schälen, waschen, in 1 mm dicke Scheiben schneiden und nach den Rebhühnern im selben Fett braten. Die Suppe mit Safran und Butter abschmekken. Die Rebhuhnstücke auf Salatblättern anrichten und die Kartoffeln rundherum schichten.
Mit Zitronenvierteln garnieren.

حجل مقلي

Rebhühner im Backofen
hjal fil kuscha

4 Rebhühner
500 g Kartoffeln
100 g Lammfett
100 g Lammschmalz
4 Eßl. Wasser
1 Teel. Salz
1/2 Teel. Pfeffer
1 Messerspitze Safran

Rebhühner mit kaltem Wasser waschen, putzen, mit Salz, Pfeffer und Schmalz innen und außen einreiben. Beine und Flügel festbinden, in eine feuerfeste, mit Butter eingeriebene Form legen und auf jede Brust ein Stück Lammfett geben. Kartoffeln schälen, waschen, in ca. 1 cm dicke Scheiben schneiden, salzen und um die Rebhühner schichten. Safran und Wasser verquirlen, darübergießen und ins Rohr schieben. Etwa 30 Minuten auf jeder Seite braun braten und von Zeit zu Zeit Bratensaft darübergeben.

حجل في الكوشة

Einfache Rühreier
ijja bsita

4 Eier
4 Knoblauchzehen
2 Eßl. Pflanzenöl
4 Eßl. Tomatenmark
1 Teel. Harissa
1/2 Teel. Kreuzkümmel
1/2 Teel. milder Paprika
1/4 Teel. Salz
1/4 Liter Wasser

Knoblauch schälen, mit Salz und Kreuzkümmel zerdrücken und in heißem Öl kurz andünsten.
Tomatenmark, Harissa, Paprika und Wasser verrühren, untermischen und ca. 15 Minuten aufkochen lassen.
Eier verquirlen, unterziehen und stocken lassen.

عجّة بسيطة

Rühreier mit Peperoni
ijja bil felfel

250 g milde Peperoni
4 Eier
4 Knoblauchzehen
6 Eßl. Pflanzenöl
2 Eßl. Tomatenmark
1/2 Teel. Harissa
1/2 Teel. milder Paprika
1/2 Teel. Kreuzkümmel
1/4 Teel. Salz
1/4 Liter Wasser

Peperoni waschen, Stiele entfernen, entkernen und in Scheiben schneiden. In heißem Öl anbraten.
Knoblauch schälen, mit Salz und Kreuzkümmel zerdrücken und zu den Peperoni geben.
Tomatenmark mit Harissa und Paprika in Wasser verrühren, dazugießen und ca. 15 Minuten kochen.
Eier verquirlen, unterziehen und stocken lassen.

عجّة بالفلفل

Rührreier mit Peperoni und Tomaten
ijja bil felfel we tmatem

250 g Peperoni
250 g Tomaten
4 Eier
4 Knoblauchzehen
2 Eßl. Pflanzenöl
1 Eßl. Tomatenmark
1 Teel. Harissa
1/2 Teel. milder Paprika
1/2 Teel. Kreuzkümmel
1/2 Teel. Salz
1/4 Liter Wasser

Knoblauch schälen und mit dem Kreuzkümmel und Salz zerstoßen. Tomaten und Peperoni waschen, entkernen und in kleine Stücke schneiden. Alles in heißem Öl kurz andünsten. Tomatenmark, Harissa und Paprika in Wasser verrühren, unter das Gemüse mischen und ca. 15 Minuten eindicken lassen.
Eier verquirlen, unter die Soße schlagen und stocken lassen.

عجّة بالفلفل والطماطم

Rührreier mit gegrillten Tomaten und Peperoni
ijja bil meschwia

250 g milde Peperoni
250 g Tomaten
4 Eier
4 Knoblauchzehen
4 Eßl. Olivenöl
1 Eßl. Tomatenmark
1 Teel. Harissa
1/2 Teel. milder Paprika
1/2 Teel. Kreuzkümmel
1/4 Teel. Salz
1/4 Liter Wasser

Peperoni und Tomaten waschen, abtrocknen und ohne Fett in einer Pfanne anbräunen, bis sich die Haut leicht abziehen läßt. Die Haut und die Kerne entfernen.
Knoblauch und Krcuzkümmel mit Salz zerdrücken und in heißem Öl leicht andünsten. Tomatenmark, Harissa und Paprika in kaltem Wasser verrühren, daruntermischen und ca. 15 Minuten eindicken lassen.
Die Peperoni und Tomaten dazugeben und nochmals 15 Minuten aufkochen. Eier verquirlen und damit die Soße legieren.

عجّة بالمشويّة

Rührereier mit Erbsen
ijja bi jilbana

500 g Erbsen in Schoten
4 Eier
4 Knoblauchzehen
4 Eßl. Pflanzenöl
1/2 Teel. Harissa
1/2 Teel. milder Paprika
1/2 Teel. Kreuzkümmel
1/4 Teel. Salz
1/4 Liter Wasser

Knoblauch schälen, mit Kreuzkümmel und Salz zerdrücken.
Zusammen in heißem Öl leicht andünsten.
Tomatenmark, Harissa und Paprika in Wasser verquirlen
und damit aufgießen. Erbsen aus den Schoten lösen,
waschen, in die Soße geben und ca. 20 Minuten weich kochen.
Eier verquirlen, darunterziehen und stocken lassen.

عجّة بالجلبانة

Rührereier mit Kartoffeln
ijja bil batata

250 g Kartoffeln
4 Eier
4 Knoblauchzehen
4 Eßl. Pflanzenöl
2 Eßl. Tomatenmark
1/2 Teel. Harissa
1/2 Teel. Kreuzkümmel
1/2 Teel. milder Paprika
1/4 Teel. Salz
1/4 Liter Wasser

Kartoffeln schälen, waschen, in kleine Würfel schneiden
und in heißem Öl fast ganz durchbraten.
Knoblauch, Kreuzkümmel und Salz gemeinsam
zerdrücken und dazugeben.
Vorsicht – Knoblauch nicht braun werden lassen.
Tomatenmark mit Harissa und Paprika in Wasser verrühren
und daruntergießen. Noch ca. 15 Minuten kochen. Eier
verquirlen, unterziehen und fest werden lassen.

عجّة بالبطاطة

Rührei mit frischen Lammwürstchen
ijja bil mergez

250 g Lammwürstchen
4 Eier
4 Knoblauchzehen
4 Eßl. Pflanzenöl
2 Eßl. Tomatenmark
1 Teel. Harissa
1/2 Teel. milder Paprika
1/2 Teel. Kreuzkümmel
1/4 Teel. Salz
1/4 Liter Wasser

Knoblauch schälen, mit Kreuzkümmel und Salz zerstoßen und in heißem Öl andünsten. Tomatenmark, Harissa und Paprika in kaltem Wasser anrühren, damit aufgießen und ca. 15 Minuten kochen. Würstchen in kleine Scheibchen schneiden, dazugeben und weitere 15 Minuten garen. Eier verquirlen und unterziehen.

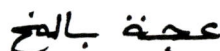

Rührei mit Hirn
ijja bil moch

1 Lammhirn
4 Eier
4 Knoblauchzehen
1 Zitrone
4 Eßl. Pflanzenöl
2 Eßl. Tomatenmark
1 Teel. milder Paprika
1/2 Teel. Harissa
1/2 Teel. Kreuzkümmel
1/2 Teel. Salz
1/4 Liter Wasser

Hirn ca. 2 Stunden lang in kaltes Wasser legen. Ungenießbare Teile entfernen und etwa 10 Minuten in Zitronensaft und Wasser kochen. Abtropfen lassen und in kleine Würfel schneiden. Knoblauch schälen, zerdrücken, mit Kreuzkümmel und Salz vermischen und in heißem Öl andünsten. Tomatenmark, Harissa, Paprika und Wasser vermischen und dazugießen. Die Hirnwürfel daruntergeben und ca. 5 Minuten kochen lassen. Eier verquirlen und damit das Gericht legieren.

عجة بالمخ

Rührreier mit Innereien vom Huhn
ijja bil kwanez

200 g Hähncheninnereien
4 Eier
4 Knoblauchzehen
4 Eßl. Pflanzenöl
2 Eßl. Tomatenmark
1 Teel. Harissa
1/2 Teel. milder Paprika
1/2 Teel. Kreuzkümmel
1/2 Teel. Salz
1/4 Teel. Pfeffer
1/4 Liter Wasser

Innereien waschen, von Hautresten säubern, salzen und pfeffern. Knoblauch zerdrücken, mit Kreuzkümmel und Salz mischen und mit den Innereien in heißem Öl anbraten. Tomatenmark, Harissa, Paprika und Wasser miteinander verrühren und dazugießen. Nach ca. 20 Minuten Eier verquirlen und damit die Soße legieren.

عجّة بالكوانز

Gestern durfte ich meinen ältesten Bruder begleiten. Er besuchte meine mittlere Schwester. Sie wohnt eine Tagesreise von uns entfernt in einem kleinen Ort am Meer. Ihr Mann ist Fischer und so gab es – wie ich bereits inständig gehofft hatte – frisch gefangene Fische. Die bekommt man bei uns im Landesinnern nicht. Dafür ist es dort viel zu heiß. Mein kleiner Bruder treibt sich zwar im Frühjahr und Herbst mit einer selbstgebastelten Angel an den Ufern des Flusses herum, hat aber fast nie „Anglerglück". Im Sommer ist der Fluß sowieso ausgetrocknet.

Meiner Großmutter habe ich verständlicherweise von dem ungewohnten Essen vorgeschwärmt. Abends haben wir zwei uns dann zusammengesetzt und all die Fischgerichte besprochen, die sie in ihrem langen Leben kennengelernt hat. Im folgenden Kapitel finden Sie eine kleine Auswahl davon.

Seebarbe im Backofen
buri fil kuscha

1000 g Seebarbe
500 g Kartoffeln
4 Knoblauchzehen
1 große Zwiebel
1 Bund Petersilie
1 Zitrone
4 Eßl. Pflanzenöl
2 Eßl. Rinderschmalz
1 Teel. Salz
1/2 Teel. Pfeffer

Fisch ausnehmen, von Schuppen säubern und gut mit kaltem Wasser waschen. Innen und außen mit Salz und Pfeffer einreiben. Kartoffeln schälen, waschen und in 5 cm dicke Scheiben schneiden. In eine gefettete, feuerfeste Form schichten. Petersilie waschen, Zwiebel und Knoblauch schälen und alles kleinhacken. Pfeffer und Salz mit Wasser verquirlen und über die Kartoffeln gießen. Fisch innen mit Schmalz einreiben, auf die Kartoffeln legen, mit Öl und Zitronensaft beträufeln und im vorgeheizten Rohr bei 200 Grad etwa 30 Minuten braten. Immer wieder mit Bratensoße begießen und heiß mit Baguette servieren.

Makrele im Backofen
gsal fil kuscha

1000 g Makrelen
500 g Kartoffeln
3 Knoblauchzehen
6 Eßl. Pflanzenöl
1 Teel. Tomatenmark
1 Teel. Harissa
1 Teel. Salz
1/2 Teel. Pfeffer
1/4 Liter Wasser

Fisch ausnehmen, Schwanz entfernen, von Schuppen säubern und gründlich in kaltem Wasser waschen. Innen und außen mit Salz und Pfeffer einreiben und einziehen lassen. Kartoffeln waschen, schälen und vierteln. Knoblauch schälen und zerdrücken und mit Salz mischen. Kartoffeln in eine gefettete, feuerfeste Form schichten. Tomatenmark, Harissa und Knoblauch mit etwas Wasser verrühren, über die Kartoffeln gießen und die Fische nebeneinander darauflegen. In das auf 250 Grad erhitzte Rohr schieben, nach fünf Minuten auf 180 Grad zurückschalten und ca. 25 – 50 Minuten braten. Die Garzeit richtet sich nach der Größe der Fische und der Kartoffelsorte. Ab und zu mit dem Bratensaft übergießen. Fische mit den Kartoffeln auf eine Servierplatte legen und Bratensoße darübergeben.

غزال في الكوشة

Gebratene Makrele
gsal mekli

750 g Makrele
750 g Kartoffeln
4 Knoblauchzehen
4 Eßl. Pflanzenöl
1 Teel. gemahlener Kümmel
1 Teel. Salz
1/2 Teel. Pfeffer

Fisch ausnehmen, Schwanz abschneiden, von Schuppen säubern und gründlich in kaltem Wasser waschen.
Knoblauch schälen, zerdrücken, Salz, Pfeffer und Kümmel dazugeben. Fisch innen und außen damit einreiben und ca. 30 Minuten einziehen lassen. Kartoffeln schälen, waschen und in dünne Scheiben schneiden. In einer Pfanne Öl erhitzen, Kartoffeln darin braun braten, etwas Pfeffer und Salz hinzufügen und anschließend den Fisch vorsichtig auf beiden Seiten gar braten.
Heiß mit Tomatensoße und Baguette servieren.

غزالے مقلي

Gegrillte Makrele
gsal meschwi

750 g Makrele
1 Bund Petersilie
1 Zitrone
4 Eßl. Pflanzenöl
1 Teel. milder Paprika
1 Teel. gemahlener Kümmel
1 Teel. Salz
1/2 Teel. Pfeffer

Makrele ausnehmen, Schwanz abschneiden, von Schuppen säubern und gründlich waschen. Paprika, Kümmel, Pfeffer und Salz vermischen, damit den Fisch innen und außen einreiben und ca. 30 Minuten einziehen lassen.
Grill vorheizen, den Rost mit Öl einfetten, Fisch ebenfalls mit Öl bestreichen und beidseitig je 6 – 10 Minuten grillen. Auf einer Servierplatte anrichten, mit gehackter Petersilie bestreuen und mit Zitronenvierteln garnieren.

غزال مشوي

Gegrillte Wittlinge
nasalli meschwi

500 g Wittlinge
2 Bund Petersilie
1 Zwiebel
1 Zitrone
2 Eßl. Olivenöl
1 Teel. Salz
1/2 Teel. Pfeffer

Fische schaben, ausnehmen, gründlich waschen, innen und außen mit Salz und Pfeffer einreiben und ca. 20 Minuten ruhenlassen. Zwiebel schälen, Petersilie waschen und beides fein hacken. Grill vorheizen. Die Fische beidseitig mit Öl bestreichen und knusprig braun grillen.
Auf eine Servierplatte legen, mit Zwiebeln und Petersilie bestreuen und mit Zitronensaft beträufeln.

Wittlingfrikadellen
kefta bin' nasalli

1000 g Wittlinge
200 g Kartoffeln
100 g Mehl
50 g Semmelbrösel
4 Eier
2 Bund Petersilie
1 große Zwiebel
1 Eßl. Pflanzenöl
1 Teel. milder Paprika
1 Teel. gemahlener Kümmel
1 Teel. Salz
1/2 Teel. Pfeffer

Fische ausnehmen, Schwanz und Kopf entfernen, von Schuppen säubern und entgräten. Gründlich in kaltem Wasser waschen und kleinschneiden. Kartoffeln kochen, schälen und pürieren. Petersilie waschen, Zwiebel schälen und beides fein hacken. Eier aufschlagen und mit den Semmelbröseln, Zwiebeln, der Petersilie, dem Kartoffelpüree, Salz, Paprika, Kümmel und Pfeffer unter die Fische kneten. Kleine Frikadellen formen, in Mehl wälzen und beidseitig in heißem Öl braten.

Sardinenfrikadellen
kefta bi sardina

1000 g Sardinen	Sardinen ausnehmen, Schwanz und Kopf entfernen, von Schuppen säubern und entgräten.
100 g Mehl	
50 g Semmelbrösel	Fische in kleine Stücke schneiden oder durch den Fleischwolf drehen.
4 Eier	
2 Bund Petersilie	Zwiebel schälen, Petersilie putzen, beides fein hacken und mit Semmelbröseln, Harissa und rohen Eiern unter die Fischmasse kneten.
1 große Zwiebel	
4 Eßl. Pflanzenöl	
1 Teel. gemahlener Kümmel	Kleine Frikadellen formen, in Mehl wenden und beidseitig in heißem Öl braten.
1 Teel. Harissa	
1/2 Teel. Salz	Heiß mit Tomatensoße und Baguette servieren.
	Auf Wunsch können auch Pommes frites dazu gereicht werden.

كفتة بالسردينة

Gefüllte Sardinen
sardina mehschia

1000 g große Sardinen
100 g Mehl
2 Eier
4 Eßl. Pflanzenöl
1 Teel. Salz
1/2 Teel. Pfeffer

Fülle:
1 Bund Petersilie
1 kleine Zwiebel
1 Ei
2 Eßl. geriebener Parmesan

Sardinen schaben, ausnehmen, Kopf und Schwanz nicht abschneiden und in kaltem Wasser gründlich waschen. Innen und außen mit Pfeffer und Salz einreiben und ruhenlassen. Drei Fische in Salzwasser weich kochen, entgräten, Kopf und Schwanz entfernen und fein hacken.
Petersilie waschen, Zwiebel schälen, beides kleinschneiden. Ein rohes Ei mit dem Fischhack, der Petersilie, der Zwiebel und dem Parmesan verkneten und damit die übrigen Fische füllen. Die restlichen Eier kräftig schlagen. Die Sardinen darin schwenken und in Mehl wälzen.
Öl heiß werden lassen und die Fische ca. 5 Minuten knusprig braun braten.
Warm mit Baguette servieren.

Gefüllter Seewolf
karus mehschi fil kuscha

1000 g Seewolf
500 g Kartoffeln
1 Zitrone
4 Eßl. Pflanzenöl
3 Eßl. Wasser
2 Eßl. Rinderschmalz
1 Teel. Salz
1/2 Teel. Pfeffer
1 Messerspitze Safran

Fülle:
50 g Semmelbrösel
30 g Parmesan
4 Eier
4 Knoblauchzehen
1 Bund Petersilie
1 kleine Zwiebel
1 Eßl. Kapern

Fisch ausnehmen, von Schuppen säubern und gründlich waschen. Mit Salz und Pfeffer innen und außen einreiben. Petersilie waschen, Zwiebel und Knoblauch schälen und fein hacken. Kapern waschen, Stiele entfernen und auslesen. Parmesan reiben. Zwei hartgekochte Eier schälen und würfeln. Zwei rohe Eier mit Semmelbröseln, Petersilie, Zwiebeln, Knoblauch, Kapern, Parmesan, harten Eiern und Salz zu einer glatten Masse kneten. Den Fisch damit füllen und zunähen. Kartoffeln waschen, schälen und in ca. 5 cm dicke Stücke schneiden. Eine Auflaufform mit Schmalz einreiben, Kartoffeln einschichten, Fisch darüberlegen und mit Öl bestreichen. Safran mit Zitronensaft verrühren und darübergeben. Im vorgeheizten Rohr etwa 15 Minuten auf 250 Grad anbraten, auf 200 Grad zurückschalten und weitere 30 Minuten backen. Von Zeit zu Zeit mit der Bratensoße begießen.
Den Fisch auf einer Servierplatte portionieren. Kartoffeln und Soße werden separat dazu gereicht.

قاروس محشي في الكوثة

Gefüllte Rotbrasse
warka mehschia

1 Rotbrasse ca. 750 g
750 g Kartoffeln
4 Eßl. Olivenöl
1 Teel. Salz
1/2 Teel. Pfeffer
1 Messerspitze Safran
1/4 Liter Wasser

Fülle:
3 Eier
3 Knoblauchzehen
1 Zwiebel
1 Bund Petersilie
3 Eßl. Semmelbrösel
2 Eßl. geriebener Parmesan
1 Eßl. Kapern

Fisch schaben, vorsichtig am Bauch aufschneiden, ausnehmen und mit kaltem Wasser gründlich säubern. Innen und außen mit Salz und Pfeffer einreiben und ruhenlassen. Für die Fülle 2 Eier hart kochen und würfeln. Petersilie putzen, Zwiebel und Knoblauch schälen, Kapern säubern und alles kleinhacken.
Die Zutaten mit Parmesan, Semmelbrösel und dem rohen Ei zusammenkneten. Den Fisch mit dieser Masse füllen, zunähen und in eine feuerfeste Form legen. Kartoffeln schälen, waschen, in ca. 1 cm dicke Scheiben schneiden und um den Fisch legen.
Öl, Wasser, Salz, Safran verrühren, über den Fisch und die Kartoffeln gießen und im vorgeheizten Rohr ca. 1 Stunde bei 180 Grad backen.
Ab und zu mit dem Bratensaft übergießen.

Gebratene Rotbrasse
warka mekli

1 Rotbrasse, ca. 500 g
500 g Kartoffeln
200 g milde Peperoni
3 Knoblauchzehen
4 Eßl. Pflanzenöl
1 Teel. gemahlener Kümmel
1 Teel. Salz

Fisch schaben, ausnehmen und gründlich mit kaltem Wasser waschen. Knoblauch schälen, mit Kümmel und Salz gut zerdrücken und den Fisch damit innen und außen einreiben. Öl in einer Pfanne erhitzen, den Fisch auf beiden Seiten braten und warm stellen. Peperoni waschen, der Länge nach einschneiden, innen salzen und in dem noch heißen Öl der Fischpfanne rundherum anbraten. Kartoffeln schälen, waschen, in ca. 2 mm dünne Scheiben schneiden und nach den Peperoni ebenfalls im gleichen Öl braten. Eventuell noch etwas salzen.
Je nach Geschmack können auch Tomaten zum Schluß auf dieselbe Weise gegart werden.

ورقة مقلية

Gegrillte Rotbrassen
warka meschwia

750 g Rotbrassen
1 Bund Petersilie
1 Zitrone
1/2 Teel. Salz
1/2 Teel. Pfeffer

Fische ausnehmen, von Schuppen säubern und gründlich in kaltem Wasser waschen. Salzen, pfeffern und mit Öl bestreichen. Grill anheizen, den Rost etwas einölen, die Fische mit geringem Abstand zueinander darauf legen und ca. 6 Minuten grillen. Wenden, und nochmals auf der anderen Seite 6 Minuten grillen.
Auf einer Servierplatte anrichten, mit feingehackter Petersilie bestreuen und mit Zitronenvierteln garnieren.

ورقة مشوية

Calamari säubern

Arme abtrennen und waschen. Kopf mit Tintensack trennen und die Augen mit einem Messer auslösen.
Sack vorsichtig der Länge nach aufschneiden und von der Tinte und den Innereien säubern.
Alles sorgfältig auswaschen.

Calamari in Kümmelsoße
kammunia bil kalamar

500 g Calamari 1 Zwiebel 4 Eßl. Pflanzenöl 1 Eßl. Tomatenmark 1 Eßl. Harissa 1 Teel. milder Paprika 1 Teel. Kümmel 1/2 Teel. Salz 1/2 Teel. Pfeffer 1 Liter Wasser	Calamari säubern, in kleine Stücke teilen, pfeffern und salzen. Zwiebel schälen, fein hacken und mit den Tintenfischstückchen in heißem Öl ca. 10 Minuten unter ständigem Rühren anbraten. Tomatenmark, Harissa und Paprika mit Wasser anrühren, aufgießen und nochmals 5 – 10 Minuten schmoren lassen. Den Rest des Wassers dazugeben und zugedeckt etwa 40 Minuten bei schwacher Hitze garen. Ab und zu umrühren und das verdampfte Wasser nachfüllen. Zehn Minuten vor Ende der Garzeit Kümmel dazustreuen und ohne Deckel eindicken lassen.

Gefüllte Calamari
kalamar mehschi

4 Calamari	Calamari wie auf Seite 150 beschrieben säubern.
1 Teel. Salz	Säcke innen und außen mit Salz und Pfeffer einreiben
1/2 Teel. Pfeffer	und in Salzwasser ca. 30 Minuten kochen.
	Die Calamari anschließend kleinschneiden.
Fülle:	Zwei Eier hart kochen, schälen und würfeln. Petersilie
50 g Parmesan	waschen, Zwiebel schälen und beides kleinhacken.
30 g Reis	Reis in einem Sieb unter fließendem Wasser waschen und
4 Eier	abtropfen lassen. Parmesan reiben und mit
1 Zwiebel	2 aufgeschlagenen rohen Eiern verquirlen.
1 Bund Petersilie	Alle Zutaten miteinander vermengen.
	Die Säcke damit füllen und mit Faden zunähen.
Soße:	Zwiebel schälen, kleinschneiden und in heißem Öl glasig
3 Knoblauchzehen	dünsten. Tintenfischstücke dazulegen und rundherum
1 Zwiebel	anbraten. Knoblauch schälen, zerkleinern, mit Tomaten-
4 Eßl. Pflanzenöl	mark, Harissa, Paprika und Wasser vermischen, zum Fisch
1 Eßl. Tomatenmark	geben und je nach Tintenfischgröße 40 bis 50 Minuten garen.
1 Teel. Harissa	Ständig umrühren und das verdampfte Wasser ersetzen.
1 Teel. milder Paprika	Deckel abnehmen und die letzten 10 Minuten die Soße
1 1/4 Liter Wasser	eindicken lassen.
	Mit Salz abschmecken und heiß mit Baguette servieren.

Couscous ist wohl das bekannteste aller tunesischen Gerichte. Nicht zuletzt, weil viele andere Völker, so auch die Franzosen, Couscous in ihren eigenen Küchenzettel aufgenommen haben.

Im Sommer, wenn die Ernte eingebracht und gemäß unserem Glauben ein Zwanzigstel davon an die Armen verteilt wurde, kommen die Frauen aus der Nachbarschaft reihum zusammen, um die Grundlage für unser Nationalgericht zu bereiten. Heute sind wir an der Reihe. Schon vor Morgengrauen waren alle weiblichen Mitglieder unserer Familie auf den Beinen. Allen voran meine Großmutter. Der Hof wurde bis in den kleinsten Winkel gefegt, große Tücher gewaschen und für die Aufnahme des Couscous ausgebreitet. Inzwischen dampfte und zischte es aus allen zur Verfügung stehenden Töpfen, denn die vielen Frauen wollten und sollten als Dank für ihre Hilfe mit allerlei Köstlichkeiten verwöhnt werden. Und da waren sie auch schon. Die Frauen der ganzen Nachbarschaft, alte und junge. Nach vielem Hin und Her hatten endlich alle ihren Platz gefunden, um das angefeuchtete Weizenmehl mit ihren Händen zu kleinen, grießartigen Körnchen zu reiben. Dabei wurde viel gelacht, gesungen, alte Geschichten und neuer Tratsch erzählt. Erst als die Sonne untergegangen und der letzte Rest aus den Töpfen aufgezehrt war, wurde es wieder ruhig bei uns. Als letzte verließ meine Jidda das „Schlachtfeld", nicht ohne vorher alles aufgeräumt zu haben. Aber das war ja auch von ihr gar nicht anders zu erwarten.

Couscous

Doppelgriffiges Weizenmehl und Schrot im Verhältnis 4 : 1
in eine große, flache Schüssel geben, mit etwas Wasser
anfeuchten und mit der flachen Hand im Uhrzeigersinn
gleichmäßig kreisförmig reiben, bis sich kleine Kügelchen
formen. Immer wieder Weizenmehl/Schrot-Gemisch
nachgeben und den Vorgang so lange wiederholen, bis die
ganze Menge zu grießähnlichen Kügelchen verarbeitet ist.
Darauf durch ein grobmaschiges und anschließend durch
ein feineres Sieb streichen, damit der Couscous gleichmäßig groß wird. Einmal durchdampfen, auf ein ausgebreite-
tes, sauberes Laken streuen und an einer geschützten
Stelle in der Sonne trocknen lassen. In Säcke aus Ziegen-
haut füllen und trocken aufbewahren.

… und das ist der Couscous-Topf.

Zwei Teile, Unter- und Obertopf mit Deckel.
Wobei der Boden vom Obertopf ähnlich einer Seihe
gleichmäßig durchlöchert ist.

Couscous mit Lammfleisch
kuksksi bil allusch

600 g Couscous
500 g Lammfleisch
500 g grüne dicke Bohnen
300 g Zucchini
5 mittelgroße Zwiebeln
4 mittelgroße Kartoffeln
1/2 Zitrone
6 Eßl. Öl
3 Eßl. Rinderschmalz
2 Eßl. Tomatenmark
1 Teel. Harissa
1 Teel. Salz
1 Teel. Paprika
1/2 Teel. Pfeffer
1/2 Teel. Gewürzmischung

Zwiebeln schälen, eine davon fein hacken. Öl im Couscous-Untertopf erhitzen, die gehackte Zwiebel darin anbraten. Fleisch nach Anzahl der Personen portionieren, mit der Gewürzmischung, Salz und Pfeffer würzen. Ebenfalls in das heiße Öl geben. Tomatenmark, Harissa und Paprika mit dem Wasser verrühren. Zu dem anderen mischen. Etwa 10 Minuten unter ständigem Rühren braten lassen. Inzwischen Couscous anfeuchten. Das Fleisch mit Wasser aufgießen und aufkochen lassen. Hitze reduzieren. Couscous in den Couscous-Übertopf geben und langsam durchdampfen lassen. Kartoffeln schälen, Bohnen aus den Schoten lösen, Zucchini in dicke Scheiben schneiden. Alles zusammen waschen. Couscous-Übertopf vom Untertopf nehmen, Kartoffeln, Bohnen, Zucchini und die restlichen Zwiebeln in den Untertopf geben. Ebenso die halbe Zitrone, damit die Soße nicht dunkel wird.
Couscous abkühlen und zum zweiten Mal durchdampfen lassen. Topf vom Herd nehmen.
Das Schmalz darübergeben und heiß servieren.

كسكسي بالعلوش

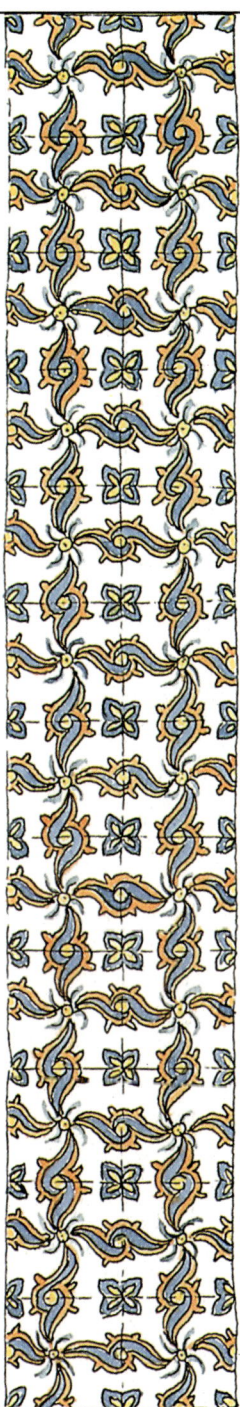

Couscous mit Lammfleisch (2. Variante)
kusksi bil allusch 2

750 g Couscous
500 g Lammfleisch
500 g Kürbis
200 g Kartoffeln
200 g milde Peperoni
100 g scharfe Peperoni
50 g Schmalz vom Lamm
oder Rind
2 Zwiebeln
2 Eßl. Olivenöl
2 Eßl. Tomatenmark
1 Teel. Harissa
1 Teel. milder Paprika
1 Teel. Salz
1/2 Teel. Pfeffer
1 3/4 Liter Wasser

Kichererbsen über Nacht in Wasser einweichen. Peperoni waschen, trockenreiben, einen kleinen Schlitz seitlich einschneiden und etwas Salz ins Innere streuen.
Das Fleisch waschen und in große Stücke schneiden, salzen und pfeffern. Im Couscous-Untertopf Öl erhitzen, Zwiebeln, Peperoni und Fleisch darin kurz scharf anbraten. Tomatenmark, Harissa, Paprika und Salz in etwas Wasser verrühren und mit den Kichererbsen unter das Fleisch mischen. Weitere 15 Minuten köcheln lassen. Peperoni wieder herausnehmen. Mit Wasser aufgießen und nochmals 20 Minuten ziehen lassen. Couscous anfeuchten, in den Couscous-Obertopf füllen, diesen auf den Untertopf stellen und kräftig durchdampfen.
Inzwischen den Kürbis schälen, in große Stücke teilen. Kartoffeln schälen, waschen, die größeren halbieren, die kleinen ganz lassen. Alles zusammen zum Fleisch geben und nochmals ca. 20 Minuten kochen. Couscous in eine Schüssel füllen, abkühlen lassen und erneut im Obertopf durchdampfen lassen. Schmalz unter den Couscous rühren, salzen und pfeffern. Alles vom Herd nehmen, Peperoni wieder dazulegen und etwas durchziehen lassen. Couscous mit etwas Soße vermischen, Gemüse und Fleisch darauf anrichten.

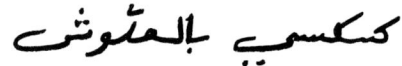

Couscous mit Lammfleisch (3. Variante)
kusksi bil allusch 3

750 g Couscous
500 g Lammschulter
200 g Karotten
200 g Kartoffeln
200 g Rettich
150 g Kichererbsen
2 – 3 Zwiebeln
2 Eßl. Olivenöl
2 Eßl. Tomatenmark
1 Eßl. Harissa
1 Teel. milder Paprika
1 Teel. Salz
1/2 Teel. Gewürzmischung
(bahharat)
1 3/4 Liter Wasser

Kichererbsen über Nacht einweichen.
Zwiebeln schälen und vierteln. Öl erhitzen. Fleisch waschen und der Personenzahl entsprechend in Stücke schneiden. Zwiebelstücke und Fleisch in heißem Öl scharf anbraten. Tomatenmark, Harissa, Paprika Gewürzmischung und Salz in etwas Wasser anrühren, zum Fleisch geben und ca. 10 Minuten schmoren lassen. Mit Wasser aufgießen, Kichererbsen und Karotten dazugeben. Weitere 20 Minuten köcheln lassen. Couscous in den Übertopf geben und einmal durchdampfen lassen. Inzwischen Rettich und Kartoffeln schälen, waschen und in große Stücke teilen. Alles zum Fleisch geben und nochmals 20 Minuten ziehen lassen. Couscous erneut durchdampfen. In einer Servierschüssel anrichten und etwas Bratensoße aus dem Eintopf darunterrühren. Fleisch und Gemüse darübergeben.

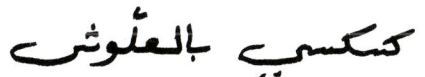

Couscous mit Gemüse
kusksi bil chodra

750 g Couscous
200 g Karotten
200 g Rettich
150 g Lammfleisch
100 g Spinat
100 g dicke Bohnen
1 Weißkohl
1 Zwiebel
3 Eßl. Tomatenmark
2 Eßl. Olivenöl
1 Eßl. Schmalz vom Lamm
oder Rind
1 Eßl. Harissa
1 Teel. milder Paprika
1 Teel. Salz
1/2 Teel. Pfeffer
1 3/4 Liter Wasser

Dicke Bohnen über Nacht in Wasser einweichen.
Zwiebel schälen und fein schneiden. Fleisch zerkleinern.
Öl mit Lammschmalz im Untertopf erhitzen, Zwiebel glasig dünsten und mit dem Fleisch braten.
Tomatenmark, Harissa und Paprika mit etwas Wasser anrühren und damit aufgießen.
Etwa 10 Minuten kochen lassen. Rettich und Karotten waschen, schälen und in große Stücke schneiden. Weißkohl säubern und ebenfalls zerteilen.
Rettich, Karotten, Weißkohl mit den dicken Bohnen zur Soße geben. Couscous einmal durchdampfen, vom Herd nehmen und abkühlen lassen.
Spinat gründlich waschen, säubern, grob zerhacken und in die Soße einrühren. Mit Salz und Pfeffer abschmecken und den Couscous zum zweiten Mal durchdampfen.
Vom Herd nehmen und nacheinander Couscous mit Soße anfeuchten und separat zum Gemüse servieren.

Gekochter Couscous
kusksi m'galli

500 g Couscous
500 g frische Tomaten
4 scharfe Peperoni
3 Knoblauchzehen
2 mittelgroße Zwiebeln
8 Eßl. Olivenöl
1 Teel. Gewürzmischung
(rasel hanut)
1 Teel. Salz

Zwiebel und Knoblauch schälen und fein hacken. Tomaten kurz in heißes Wasser legen, die Haut abziehen und die Kerne ausdrücken, in kleine Würfel schneiden. Olivenöl in einer Pfanne erhitzen und alles zusammen darin kurz anbraten. Inzwischen Peperoni waschen, in kleine Scheibchen schneiden und zu den anderen Zutaten geben. Dann Gewürzmischung und Salz untermengen. Zehn Minuten braten lassen. Mit ca. 1 Liter Wasser aufgießen. Den Couscous anfeuchten, in den Übertopf füllen, auf den Untertopf stellen und durchdampfen lassen. Couscous mit einer Gabel auseinanderbreiten und etwas abkühlen lassen. Daraufhin den Couscous zu der Soße in den Untertopf geben und darin ca. 15 bis 20 Minuten kochen lassen. Von Zeit zu Zeit umrühren.
Mit Salz abschmecken und heiß servieren.

161

Couscous mit Rotbrassen
kusksi bil warka

1000 g Rotbrassen
500 g Couscous
200 g Quitten
150 g Kichererbsen
2 Eßl. Lammschmalz
1 Eßl. Pflanzenöl
1 Eßl. Rosinen
1 Teel. Salz
1/2 Teel. Pfeffer
1/2 Teel. Tomatenmark
2 1/4 Liter Wasser

Kichererbsen über Nacht in Wasser einweichen.
Fische ausnehmen, von Schuppen säubern, Kopf und
Schwanz entfernen und mit kaltem Wasser gut waschen.
Tomatenmark mit etwas Wasser anrühren.
Öl und Schmalz im Untertopf erhitzen, Tomatenmark,
Kichererbsen und Salz dazugeben und ca. 10 Minuten
kochen und dann mit Wasser aufgießen.
Couscous einmal durchdampfen. Quitten waschen,
schälen, vierteln, entkernen und zur Soße geben.
Couscous zum zweiten Mal durchdampfen, Fische dazulegen
und zugedeckt etwa 30 Minuten garen. Rosinen unter-
mengen, mit Salz und Pfeffer abschmecken, Herd ausschal-
ten und noch ca. 10 Minuten ziehen lassen, dann servieren.

Couscous mit Seebarbe
kusksi bil buri

750 g Seebarbe
700 g Couscous
500 g Zucchini
150 g scharfe Peperoni
100 g Kichererbsen
4 mittelgroße Kartoffeln
1 große Zwiebel
2 Eßl. Pflanzenöl
2 Eßl. Tomatenmark
1 Teel. Harissa
1 Teel. milder Paprika
1 Teel. Kümmel
1/2 Teel. Zimt
1/2 Tccl. gemahlene
Rosenblätter
1/2 Teel. Pfeffer
1/2 Teel. Salz
2 1/4 Liter Wasser

Kichererbsen über Nacht einweichen. Den Fisch ausnehmen, Kopf und Schwanz entfernen, in kaltem Wasser gründlich waschen und in vier Teile schneiden. Salz, Zimt, Rosenblätter und Kümmel im Mörser fein zerstoßen und den Fisch damit einreiben. Die Zwiebel schälen und grob hacken. Öl im Couscous-Untertopf erhitzen und die Zwiebelwürfelchen darin glasig andünsten. Tomatenmark, Harissa und Paprika mit Wasser verrühren, zu den Zwiebeln gießen und ca. 10 Minuten kochen lassen. Die Kartoffeln schälen, waschen und halbieren. Peperoni waschen, abtrocknen, seitlich einschneiden und durch den Schlitz innen salzen. Kartoffeln und Peperoni mit den Kichererbsen zur Soße geben, mit Wasser aufgießen und 20 Minuten weiterköcheln.

Couscous einmal im Obertopf durchdampfen. Peperoni und Kartoffeln wieder herausnehmen und zur Seite legen. Zucchini waschen, schaben in dicke Scheiben zerteilen und zur Soße geben. Couscous nochmals durchdampfen. Danach auch die Zucchinischeiben wieder entfernen. Die Fischstücke in die Soße geben und 20 Minuten köcheln lassen. Dann den Topf vom Herd nehmen, Peperoni, Kartoffeln und Zucchini wieder in die Soße geben und etwas durchziehen lassen, dann servieren.

كسكسي بالبوري

Couscous mit Trauben
kusksi bil inab

500 g Couscous
500 g Trauben ohne Kerne
250 g Puderzucker
3 Eßl. Butter
3 Eßl. Olivenöl

Den unteren Teil des Couscoustopfes halb mit Wasser füllen. Zugedeckt zum Kochen bringen.
Inzwischen Couscous mit kaltem Wasser anfeuchten und in das Oberteil des Couscoustopfes füllen.
Sobald das Wasser kocht, Deckel abnehmen und durch das Topfoberteil ersetzen. Den Couscous solange durchdampfen lassen, bis der Dampf gleichmäßig aus der Couscousmasse dringt, dann das Topfoberteil abnehmen. Couscous in eine Schüssel geben und mit etwas kaltem Wasser abkühlen. Etwa 10 Minuten stehen lassen und dann nochmals durchdampfen. Anschließend in eine Servier-schüssel füllen.
Trauben waschen, abzupfen, mit dem Puderzucker, dem Öl und Butterflocken vermischen und alles unter den Couscous rühren. Noch warm servieren.

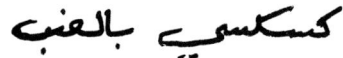

Couscous mit Rosinen
kusksi biz' bib

500 g Couscous
250 g Rosinen
250 g Puderzucker
3 Eßl. Olivenöl
2 Eßl. Butter

Couscous wie beschrieben über Wasser durchdampfen. Heiß in einer Servierschüssel mit Rosinen, Zucker, Öl und Butter vermischen, und mit kühler Buttermilch servieren.

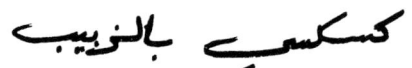

Couscous mit Milch
kuksksi bil halib

500 g Couscous
350 g Puderzucker
2 Eßl. Olivenöl
2 Eßl. Butter
2 Liter frische Milch

Couscous wie beschrieben mit Wasser durchdampfen.
Milch erhitzen und unter den Couscous rühren. Mit Zucker,
Butter und Öl vermischen und warm servieren.
Lassen Sie sich nicht verwirren, dieses Gericht ist sehr
dickflüssig.

كسكسي بالحليب

Couscous mit Buttermilch
kuksksi bil laban

500 g feiner Couscous
300 g Puderzucker
1 Eßl. Olivenöl
1 Eßl. Butter
1 Liter Buttermilch

Couscous wie beschrieben über Wasser durchdampfen.
In eine Servierschüssel geben und mit Butter,
Öl und Zucker vermischen. Abkühlen lassen.
Buttermilch darübergeben und gut durchrühren.
Sofort servieren.
Auch dieses Gericht ist sehr dickflüssig.

كسكسي بالتبن

Zubereitung von Graupen:

Mit Graupen sind in Tunesien keinesfalls die aus Getreide hergestellten Graupen gemeint, wie wir sie in Deutschland kennen. Graupen werden bei uns aus Weizenmehl ähnlich wie Couscous gemacht. Man nimmt dazu lediglich grobgelochte statt feingelochter Siebe.

Graupen mit dicken Bohnen
m'hammes bil ful

500 g dicke Bohnen, in Schoten
500 g Graupen
250 g Erbsen, in Schoten
1 Zwiebel
8 Eßl. Pflanzenöl
1 Eßl. Rinderschmalz
2 Teel. Tomatenmark
1 Teel. Harissa
1 Teel. milder Paprika
1 Teel. Salz
1 1/4 Liter Wasser

Bohnen und Erbsen aus den Schoten lösen. Zwiebel schälen und fein hacken. Öl und Schmalz erhitzen, die Zwiebel darin leicht anbraten. Tomatenmark, Harissa, Paprika und Salz mit wenig warmem Wasser verrühren, dazugießen und ca. 10 Minuten weiterbraten. Mit Wasser aufgießen, aufkochen lassen, Bohnen und Erbsen dazu geben und ca. 30 Minuten auf schwacher Hitze kochen. Von Zeit zu Zeit umrühren und das verdampfte Wasser auffüllen. Graupen untermengen und weitere 20 Minuten unter ständigem Rühren garen.

مهمشة بالفول

Graupen mit Fleisch
m' hammes bil'lham

500 g Lammfleisch
500 g Graupen
1 Zwiebel
8 Eßl. Pflanzenöl
2 Eßl. Tomatenmark
1 Teel. milder Paprika
1 Teel. Salz
1/2 Teel. Pfeffer
1/2 Teel. Muskat
1 Messerspitze Safran
1 1/4 Liter Wasser

Fleisch waschen, mit Salz, Pfeffer und Muskat würzen.
Zwiebel schälen, fein hacken und mit den Fleischwürfeln
in Öl anbraten.
Tomatenmark, Paprika und Safran mit etwas Wasser
anrühren, untermengen und weitere 10 Minuten braten.
Wasser aufgießen und ca. 30 Minuten kochen lassen.
Graupen dazugeben und noch 20 Minuten garen.
Von Zeit zu Zeit umrühren.

همّسة باللّحم

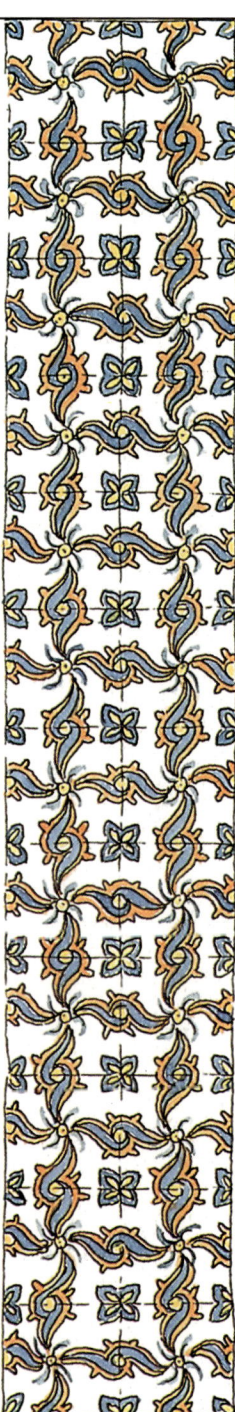

Gedämpfte, breite Nudeln
rischta m'faura

500 g Bandnudeln
500 g Rindfleisch
100 g Kichererbsen
1 Zwiebel
6 Eßl. Pflanzenöl
2 Eßl. Tomatenmark
1 Eßl. Rinderschmalz
1 Teel. milder Paprika
1 Teel. Salz
1/2 Teel. Pfeffer
1 1/2 Liter Wasser

Kichererbsen über Nacht in Wasser einweichen, Fleisch nach Anzahl der Personen portionieren, säubern, salzen und pfeffern. Zwiebel schälen und fein hacken.
Öl im Couscous-Untertopf erhitzen, die Zwiebeln und das Fleisch ca. 10 Minuten darin anbraten.
Kichererbsen, Tomatenmark und Paprika untermengen. Mit Wasser aufgießen und zum Kochen bringen.
Nudeln in ca. 5 cm lange Stücke brechen und im Couscous-Übertopf 30 Minuten durchdampfen.
Danach auf einen Teller geben, auseinanderzupfen und in die Soße rühren.
Ohne Deckel nochmals ca. 15 Minuten ziehen lassen.
Mit Schmalz und Salz abschmecken. Auf einer Servierplatte anrichten, das Fleisch obenauf legen und warm servieren.

Makkaroni mit Käse
maqrona bi jbin

500 g Nudeln	Die Nudeln in Salzwasser nicht ganz gar kochen, abseihen
200 g Butter	und in eine Pfanne geben. Butter und Käse untermengen,
150 g Gruyere	mit Pfeffer würzen und noch ca. 10 Minuten bei schwacher
1 Eßl. Parmesan	Hitze ziehen lassen. Heiß servieren.
1/2 Teel. Pfeffer	

مقرونة بالجبن

Makkaroni mit Tomatensoße
maqrona bi salsa

500 g Makkaroni	Zwiebel und Knoblauch schälen und fein hacken.
250 g Tomaten	Tomaten waschen, vierteln und entkernen.
100 g Parmesan	Öl erhitzen und alles zusammen leicht andünsten.
4 Knoblauchzehen	Tomatenmark, Harissa, Paprika, Lorbeerblätter, Salz
4 Lorbeerblätter	und Pfeffer in etwas Wasser verquirlen und aufgießen.
1 große Zwiebel	Diese Soße ca. 45 Minuten eindicken lassen.
3 Eßl. Pflanzenöl	Makkaroni in Salzwasser kochen, abseihen,
1/2 Teel. Harissa	in eine Schüssel geben, mit Parmesan bestreuen
1 Teel. Salz	und die Soße darübergießen.
1 Teel. milder Paprika	Alles gut durchmengen und heiß servieren.
1/2 Teel. Pfeffer	
1/4 Liter Wasser	

مقرونة بالقلاصة

Makkaroni mit Rindfleisch
maqrona bil 'lahm bagri

500 g Rindfleisch,
ohne Knochen
400 g Nudeln
100 g Kichererbsen
100 g milde Peperoni
4 große Kartoffeln
4 Knoblauchzehen
4 Lorbeerblätter
1 große Zwiebel
4 Eßl. Pflanzenöl
3 Eßl. Tomatenmark
1 Eßl. Lamm- oder
Rinderschmalz
1 Teel. Harissa
1 Tccl. mildcr Paprika
1/2 Teel. Salz
1/4 Teel. Pfeffer

Kichererbsen über Nacht in Wasser einweichen. Fleisch waschen, nach Personenzahl portionieren, salzen und pfeffern. Zwiebel schälen, fein hacken und mit dem Fleisch in heißem Öl scharf anbraten. Tomatenmark, Harissa, Paprika, Salz und Lorbeerblätter mit wenig Wasser anrühren und mit den Kichererbsen zum Fleisch geben. Etwa 15 Minuten ziehen lassen. Mit Wasser aufgießen und zugedeckt weitere 30 Minuten köcheln lassen. Von Zeit zu Zeit umrühren und das verdampfte Wasser ersetzen. Inzwischen Kartoffeln schälen, waschen und vierteln. Knoblauch schälen und im Mörser zerstoßen. Peperoni waschen, seitlich einschlitzen und innen salzen. Alles zum Fleisch geben und ca. 20 Minuten weiterkochen. Währenddessen Nudeln in Salzwasser gar kochen, abseihen und etwas Schmalz unterziehen.
Auf Tellern portionieren und mit darübergegossener Soße servieren.

Süßes

Heute Morgen habe ich mich mächtig erschrocken. Als ich zum Brunnen ging, um mich zu waschen, stand da ein riesiges, fremdartiges Tier. Vor lauter Angst habe ich keinen Laut hervorgebracht. Wie ein Blitz bin ich ins Haus gerannt. „Jidda, Jidda draußen steht eine wilde Bestie", habe ich an ihrem Rock hängend geschluchzt. Liebevoll nahm sie mich in ihre Arme und tröstete mich: „Ach – das ist doch bloß ein Kamel. Vor dem brauchst du dich nicht zu fürchten." An ihrer Hand wagte ich mich wieder nach draußen. Was ich dort sah, war für mich wie ein Märchen. Nomaden hatten über Nacht ihr Zelt aufgeschlagen. Freundlich lächelnd luden sie meine Großmutter und mich ein, an ihrem Feuer Platz zu nehmen. Ich bekam köstliche Süßigkeiten und durfte an einer Schale nippen, die sie meiner Jidda reichten und aus der ein betörender Duft in meine Nase stieg. So lernte ich Kaffee kennen.

Kaffee und Tee werden bei uns ganz anders zubereitet als hierzulande. Über diese Getränke und vor allem über das, was man dazu reicht, berichte ich im nachfolgenden Kapitel.

Zubereitung von Granatäpfeln

Von den Granatäpfeln mit einem Messer oben und unten etwas abschneiden, die Schale mit den Händen aufbrechen und die Beeren herauslösen. Weiße Häutchen entfernen. Die Beeren auf einen Teller geben, mit etwas Zucker bestreuen, mit einigen Tropfen Rosenwasser bespritzen und dann mit einem Löffel essen.

Zubereitung von Kaktusfeigen

Von den Früchten mit einem Messer oben und unten etwas abschneiden, der Länge nach die Haut einritzen und wie eine Wurstpelle abziehen. Vorsicht – die Früchte sind sehr stachelig, deshalb sollte man sie lieber nur mit Handschuhen anfassen.

Teezubereitung

Das Teekännchen mit 200 ml Wasser füllen, 10 g schwarzen Tee und zwei Eßl. Zucker dazugeben und alles zusammen aufkochen. Einige frische Pfefferminzblätter in ein Teeglas legen (ca. 20 ml) und mit Erdnüssen oder Pinienkernen verfeinern. Mit dem Tee aufgießen.

Mocca

Wasser in einem Moccakännchen aufkochen. Zwei Teelöffel gemahlenen Mocca pro Tasse und 1 Teel. Zucker in die Kanne geben, dann sofort vom Feuer nehmen. Ein paar Tropfen Rosenwasser in die Tassen träufeln und den Mocca dazugießen.

Sesambrei
zrir

1000 g Sesam
500 g Zucker
150 g Butter
50 g Rinderschmalz
350 ml Wasser
1 Teel. Zitronensaft

Sesamkörner waschen, abtropfen lassen und in einer trockenen Pfanne ca. 8 Minuten rösten.
Anschließend fein mahlen.
Dann Zucker und Wasser in einen Topf geben und unter ständigem Rühren eindicken lassen.
Butter, Schmalz und Zitronensaft untermengen.
Nach etwa 5 Minuten das Sesammehl dazugeben und weitere 10 Minuten kochen lassen.
Kann heiß oder kalt serviert werden.

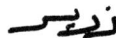

Gefüllte Datteln
tmar mehschi

100 g Pistazienkerne
40 g Butter
1 Eßl. Zucker
1 Teel. Rosenwasser

Pistazien und Zucker mischen, mit Rosenwasser beträufeln, Butterflocken darauf verteilen und alles zu einem festen Teig verarbeiten.
Datteln der Länge nach einschneiden, aufklappen, entkernen und mit der Pistazienzuckermasse füllen.
Im Kühlschrank fest werden lassen.

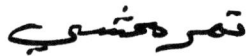

Dattelplätzchen
makroth

1000 g doppelgriffiges
Weizenmehl
1/4 Teel. Salz
1 Messerspitze Safran
1 Messerspitze
gemahlene Orangenschalen
1/4 Liter Pflanzenöl
1/4 Liter warmes Wasser

Fülle:
500 g Datteln
2 Eßl. Pflanzenöl

Guß:
4 Tassen Honig
1/4 Liter Pflanzenöl
zum Backen

Mehl auf ein Nudelbrett häufen, eine Mulde eindrücken und Safran und die gemahlenen Orangenschalen einstreuen. Öl erhitzen, in die Mulde gießen, mit einer Gabel leicht das Mehl von der Seite her untermischen und mit den Händen vorsichtig vermengen, bis es einen bröseligen Teig gibt. Wasser und Salz verrühren, darübergießen und gut durchkneten. Einen Laib formen und zugedeckt bei Zimmertemperatur ca. 30 Minuten ruhenlassen.

Datteln entkernen und zwischen den Fingern zerkneten. Wenn sie zu hart sind, über Dampf einige Minuten aufweichen. Öl zu den Datteln gießen und zu einem Teig kneten. Mehlteig zu einer 4 cm dicken Wurst drehen und der Länge nach bis zur Mitte aufschneiden.

Dattelteig ebenfalls zu einer Wurst formen, ca. 1,5 cm dick und in die Mehlteigwurst einlegen. Diese zusammenklappen und wieder zu einer glatten Wurst walzen.

Flach drücken und in 5 cm große Stücke schneiden. Falls vorhanden, verwendet man ein Holzmodel und schneidet die Stücke nach dem abgedrückten Muster.

Öl heiß machen und die Dattelstückchen darin beidseitig goldbraun braten. Herausnehmen, abtropfen lassen.

Den Honig in einen Topf geben, auf schwacher Hitze warm werden lassen, die Plätzchen eintauchen und in ein Sieb geben zum Abtropfen.

Die Dattelplätzchen können wie jedes andere Gebäck aufbewahrt werden.

Dattel-Bällchen
rfissa bit' tmar

1000 g grobes Weizenmehl
1000 g Datteln
1 Teel. Salz
1/4 Liter Olivenöl

Mehl unter ständigem Rühren ohne Fett anrösten und abkühlen lassen. Datteln entkernen und zwischen den Fingern zu einem Teig kneten. Mehl und Datteln vermischen, etwas salzen und nach und nach Öl dazugießen. Einen festen Teig kneten, mittelgroße Kugeln formen, flach drücken und servieren.
In einem gut verschlossenen Behälter kann das Gebäck bis zu vier Wochen aufbewahrt werden.

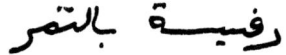

Süße Brotkugeln
rfissa bi lus

1000 g chobs m'besses
250 g Mandeln
250 g Zucker
200 g Butter

Das „chobs m'besses" (siehe Brot nach Nomadenart) mit den Händen fein zerbröseln und gleichzeitig durchsieben. Die Mandeln in warmem Wasser einweichen, abhäuten und in einer Pfanne auf dem Herd trocknen lassen. Dann im Mörser fein zerstoßen. Brotbrösel, Mandeln und Zucker miteinander vermischen.
Die Butter zerlassen und darübergießen.
Alles zusammen zu einem Teig verkneten und auf einem Teller auftürmen. Mit einem Löffel essen.

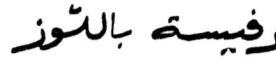

Mandelkugeln
kaâbir lus

Teig:
1000 g feingemahlene
Mandeln
400 g feiner Zucker
4 – 6 Eßl. Rosenwasser
1 Messerspitze rote
Lebensmittelfarbe
1 Messerspitze grüne
Lebensmittelfarbe

Guß:
500 g Puderzucker
250 g grober Zucker
1/2 Zitrone
1/4 Liter Wasser

Aus Puderzucker, Zitronensaft und Wasser einen dicken Zuckerguß kochen. Mandeln mit Zucker gut vermischen und in 3 Häufchen teilen. Ein Häufchen mit einem Eßl. Rosenwasser zu einem Teig kneten. Das zweite Häufchen mit einem Teelöffel Rosenwasser und der grünen Lebensmittelfarbe zusammenkneten. Das dritte Häufchen mit einem Teelöffel Rosenwasser und der roten Lebensmittelfarbe zu einem Teig vermischen. Alle drei Teige leicht untereinander vermengen. 2 cm dicke Würste drehen, kleine Stücke abschneiden und walnußgroße Kugeln formen. In den Guß tauchen, mit grobem Zucker bestreuen, auf einen Teller legen und einen Tag kühl ruhenlassen. Auf den Farbstoff kann auch verzichtet werden.

Zuckergebäck
rahat el halqun

500 g Puderzucker
200 g feiner Zucker
150 g Stärke
100 g geriebene Mandeln
2 Eßl. Rosenwasser
1 Eßl. Zitronensaft
1/2 Liter Wasser

Den Puderzucker mit der Hälfte des Wassers gut verrühren und in einem Stahltopf bei schwacher Hitze unter ständigem Rühren eindicken lassen. Die Stärke in kaltem Wasser auflösen, durch ein Sieb passieren und unter die Zuckermasse mischen. Etwa 1 Stunde weiterrühren, bis die Masse so fest geworden ist, daß sie sich vom Löffel löst.
Rosenwasser, Zitronensaft und die geriebenen Mandeln daruntermengen und wieder eindicken lassen.
Ein Blech mit feinem Zucker bestreuen, die Masse ca. 1 cm dick gleichmäßig aufstreichen und die Oberfläche ebenfalls zuckern. Abkühlen lassen, mit einem Messer in Würfel schneiden und in einer gut verschließbaren Gebäckdose aufbewahren.
Die Würfel sind bis zu vier Monaten haltbar.

راحة الحلقوم

Buttergebäck
greiba smid

1000 g doppelgriffiges Mehl	
450 g Butter	
300 g feiner Zucker	

Mehl in eine Schüssel geben und eine Mulde drücken. Butter zerlassen, mit Zucker und Mehl mischen und zu einem festen Teig verarbeiten. Nach Belieben formen, auf ein bemehltes Backblech legen und 10 bis 20 Minuten backen.

Ölgebäck
greiba bil farina

1000 g Mehl	
250 g Puderzucker	
1/4 Liter Pflanzenöl	
1 Päckchen Vanillezucker	

Das Öl in einem heißen Topf erhitzen.
Inzwischen das Mehl auf ein Teigbrett häufen.
In der Mitte eine Mulde eindrücken.
In diese den Puder- und Vanillezucker streuen.
Nach und nach das heiße Öl dazugießen.
Alles gut miteinander vermischen und zu einem ca. 3 cm dicken Fladen formen.
Daraus dann kleine Plätzchen ausstechen, auf einem mit Mehl bestreuten Kuchenblech verteilen und bei 180 Grad 15 bis 20 Minuten backen.

Hefeteigringe
kaâk joujou

500 g Weizenmehl
150 g feiner Zucker
4 Eier
1 Beutel Backhefe
1 Vanilleschote bzw.
1 Beutel Vanillezucker
2 Eßl. Milch
1/4 Teel. Salz
1 Messerspitze
Natron
4 Eßl. Pflanzenöl
Fritieröl

Guß:
1000 g Puderzucker
150 g geraspelte Mandeln
1 Zitrone
1/2 Liter Wasser

Mehl, Salz, Natron und Zucker in einer Schüssel gut vermischen. Eine Mulde in der Mitte eindrücken. Vanilleschote aufschneiden, ausschaben und das Ausgeschabte in warmer Milch verrühren.
Diese dann mit der Hefe und dem Öl vermengen und in die Mulde gießen. Die Eier darüberschlagen und alles zusammen zu einem festen Teig kneten. Etwa 30 Minuten zugedeckt an einer warmen Stelle gehen lassen.
Inzwischen Puderzucker und Zitronensaft mit Wasser zu einer dickflüssigen Masse einkochen,
den Teig nochmals durchkneten, ca. 1 cm dick ausrollen und mit zwei Gläsern unterschiedlichen Durchmessers Ringe ausstechen. Diese in heißem Öl beidseitig fritieren, abtropfen lassen, in die Zuckerglasur tauchen und mit Mandelsplittern bestreuen.

كعك يبو

183

Kleine Gewürzkunde

In 4 Wochen heiratet mein ältester Bruder. Die Braut hat ihm unser Vater bereits ausgesucht, als er erst 5 und sie knapp 2 Jahre alt war. Wir kennen sie gut, denn sie ist unsere Cousine. Nach einem ungeschriebenen Gesetz muß der Bräutigam seiner Auserwählten am Tage der Hochzeit Schmuck in einem Wert schenken, der ihrem Stand entspricht und ihr im Falle einer Trennung die notwendige Sicherheit bietet. So sind dann auch mein Vater, einer meiner Brüder, zwei Schwestern, meine Großmutter und ich nach Tunis gefahren und in den Bazar gegangen. Hier wurden für mich die Märchen aus Tausendundeiner Nacht zur Wirklichkeit.

In der Straße der Goldschmiede sind wir von Gewölbe zu Gewölbe gezogen, bis mein Vater das fand, was seiner Vorstellung und seinem Geldbeutel entsprach. Während die Männer bei einigen Gläsern Tee und der obligatorischen Wasserpfeife mit dem Feilschen begannen, nahm mich meine Jidda an die Hand und ging mit mir in die Gasse der Gewürzhändler. „Hier – meine kleine Seele – gibt es das, was für eine Hochzeit wichtiger ist als alles Gold der Kalifen. Gewürze und Kräuter geben nicht nur den Speisen die köstliche Würze, sondern auch den Liebenden die Kraft, die Anstrengungen der kommenden Tage und Nächte zu überstehen", belehrte sie mich, bevor sie sich mit Nase, Zunge und Finger prüfend über Schalen, Körbe und Säcke beugte.

Kreuzkümmel
carvi

Wegen seines scharfen Geschmacks wird er oft in Gewürz-mischungen, in gemahlenem Zustand, aber sehr sparsam verwendet. Er wirkt appetitanregend und hat sich gegen Blähungen bewährt.

Orangenschalen
kischret el bortukal

Das Gelbe der Orangenschale wird abgeschält, getrocknet, gemahlen, gesiebt und aufbewahrt.
Damit kann man nicht nur Dattelgebäck und Biskuit, sondern auch Mokka verfeinern.

Rosenwasser
shar

Rosenwasser wird aus den Blütenblättern der Portland-Rose durch Wasserdestillation gewonnen.
In der Küche wird Rosenwasser meist zum Verfeinern von Puddings, Milchgerichten, aber vorwiegend von Gebäck geschätzt.

Gewürzmischung
bahharat

Die Blätter von Rosenknospen werden getrocknet, gemahlen und mit Zimt zusammengemischt.
Dies findet in Fleischgerichten und Gebäck Verwendung.

Gewürzmischung
ras el hanut

Sie besteht aus schwarzem Pfeffer, Zimt und Nelken. Gemahlen und zusammengemischt würzt man damit über-wiegend Geflügel und Wild.

Safran
zaafran

Das Gewürz besteht aus den getrockneten orangenfarbigen Narben einer bestimmten Krokusart. Bei uns in Tunesien wird es vorwiegend zum Färben und Würzen von Fleisch-gerichten verwendet. Aber auch für Fleisch, Eintopf mit heller Soße ist es gut geeignet.
Auch für Süßigkeiten kann man es verwenden.

Rezepte Register: deutsch

Rezepte Register: arabisch

Fisch

Süßes

Couscous, Graupen & Nudeln